胡适 等——著

北大 历史讲座

哈尔滨出版社
HARBIN PUBLISHING HOUSE

图书在版编目（CIP）数据

北大历史讲座／胡适等著.—哈尔滨：哈尔滨出
版社，2017.2（2022.11重印）
ISBN 978-7-5484-0700-3

Ⅰ.①北… Ⅱ.①胡… Ⅲ.①中国历史–普及读物
Ⅳ.①K209

中国版本图书馆CIP数据核字（2016）第252496号

书　　名：**北大历史讲座**
BEIDA LISHI JIANGZUO

作　者：胡　适　等著
责任编辑：尉晓敏　李维娜
版式设计：书情文化
封面设计：末末美书

出版发行：哈尔滨出版社（Harbin Publishing House）
社　　址：哈尔滨市香坊区泰山路82-9号　邮编：150090
经　　销：全国新华书店
印　　刷：三河市兴达印务有限公司
网　　址：www.hrbcbs.com
E－mail：hrbcbs@yeah.net
编辑版权热线：（0451）87900271　87900272
销售热线：（0451）87900202　87900203

开　　本：710mm×1000mm　1/16　印张：14　字数：200千字
版　　次：2017年2月第1版
印　　次：2022年11月第2次印刷
书　　号：ISBN 978-7-5484-0700-3
定　　价：59.80元

凡购本社图书发现印装错误，请与本社印制部联系调换。服务热线：（0451）87900279

C目 录
Contents

Chapter 1　甲编

Chapter 2　乙编

Chapter 1 甲 编

夏商大事及以前之传说

张荫麟

商朝从成汤创业以后，六百年间，可考的大事，除了六次迁都，除了对鬼方的大战，除了最后直接间接和亡国有关的打击外，便是五度由盛而衰的循环。所谓盛就是君主英武，诸侯归服；所谓衰就是君主昏暗，或王室内乱，而诸侯叛离。前期第一度的盛衰牵涉到汤孙太甲（商朝第四王）和汤的开国功臣伊尹的关系。这有二说：一说太甲无道，"颠覆汤之典型"，伊尹把他放逐于桐，过了三年，伊尹见他悔过修德，又迎他复位。一说伊尹于商王仲壬死后，把法当嗣位的太甲放逐于桐，而自即王位；其后七年，太甲自桐潜出，杀伊尹。肇始商朝后期的盘庚是一中兴之主。在他以后，惟他的侄子武丁曾一度中兴。武丁以降，商朝一直衰下去。继位的君主皆生长安逸，"不知稼穑之艰难，惟耽乐之从"（这是周朝开国元勋周公追数前朝衰亡的原因的话）。他们以畋游荒宴代替了国政的烦劳。在商朝末年，一种叔世的颓废和放纵弥漫了整个商人社会。狂饮滥醉的风气普遍于君主、贵族和庶民。这是他们亡国的主因。

在叙述商朝灭亡的经过之前，让我们回溯商朝所继承的历史线索。

商朝所替换的朝代是夏。关于夏朝，我们所知，远更模糊。例如夏朝已有没有文字？有没有铜器？其农业发展到什么程度？其政治组织与商的异同如何？这些问题都无法回答。在后人关于夏朝的一切传说和追记中，我们所能抽出比较可信的事实，大要如下。

夏朝历年约莫四百。其君位是父死子继而不是兄终弟及。其国都的迁徙比商朝更为频数。最初的君主禹历都阳城、晋阳、安邑，皆不出今山西的西南角（阳城在翼城西，晋阳在临汾西，安邑在平陆东北）。禹子启始渡河而南，居今新郑、密县间。以后除启孙后相因外患失国远窜外，夏主的迁徙，不出今河南的黄河以南，汝、颍以北。当夏朝为成汤所灭时，都于斟郡，即今巩县西南。夏朝最大的事件是与外族有穷氏的斗争。有穷氏以钮（今河南滑县东）为根据地，当启子太康时，攻占了夏都（时在斟郡），以后统治了夏境至少有六七十年。太康逃居于外，有穷氏以次立其弟仲康及仲康子后相为傀儡。后相继被窜逐追杀。后来后相的遗腹子少康收聚夏朝的残余势力，乘有穷氏的衰弱，把他灭掉，恢复旧物。有穷氏是在夏境的东北，后来灭夏的成汤则来自东南，其先世亦发祥于东北。夏朝的外患盖常在东方。

　　成汤的先世累代为部族长。他的先十四代祖契与禹同时，以蕃（今河北平山附近）为根据地。契子昭明迁于砥石（今河北砥水流域），继迁于商（今河南商丘），"天邑商"及商朝之得名由此。昭明子相土是一雄才大略的君长，曾大启疆宇，以相（在今安阳西十五里）为东都。可惜他的功业的记录只剩下他的后裔的两句颂诗：

　　　　相土烈烈，海外有截。

此时的海外说不定就是辽东或朝鲜。后来商朝亡后，王弟箕子能逃入朝鲜而历世君临其地，莫不是因为商人原先在那里有些根据？相土以后两三百年

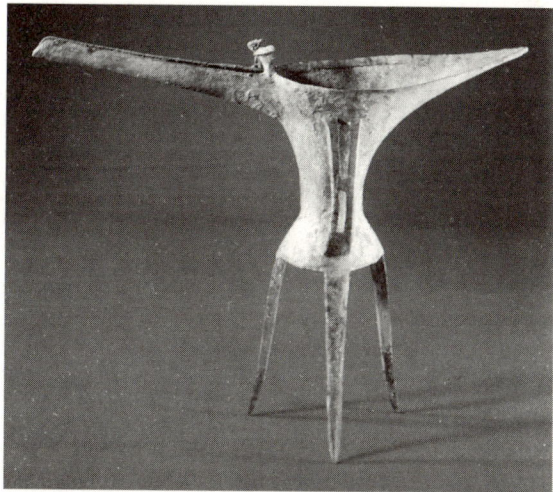

夏朝青铜器

间，商人的事迹无考，也许这是他们的中衰时代（传说相土发明以马驾车，又他的后裔王亥——也是成汤的先世——发明以牛驾车）。到了成汤才复把商人带领到历史上，他从商北迁于亳，继灭了北方的若干邻族，然后向夏进攻，夏主桀兵败，被他放逐于南巢（在今安徽巢县东北五里）而死，夏朝于此终结。

我们若从夏朝再往上溯，则见历史的线索迷失于离奇的神话和理想化的传说中不可析辨了。凡此种种，本书自宜从略。但其中有一部分和后来历史的外表，颇有关系，应当附带叙及。

据说禹所继承的君主是舜，国号虞；舜所继承的是尧，国号唐。当尧舜之世，天下为公，而不是一家一姓所得私有的。尧怎样获得帝位，传说没有照顾到。舜本是历山（在今山东）的农夫，有一串故事（这里从略）表明他是一个理想的孝子和理想的贤兄，又有一串故事（例如他在那里耕种，那里的农人便互相让界；他在那里打鱼，那里的渔人便互相让屋；他在那里造陶器，那里的陶工便不造劣器）表明他是一个理想的领袖。帝尧闻得他的圣明，便把他召到朝廷里来，把两个女儿同时嫁给他，试他治家的能力；并拿重要的职位去试他政治的能力。他果然家庭雍睦任事称职。尧老了，便告退，把帝位推让给他。尧的时候有一场普遍于全"中国"的大水灾。禹父鲧，因治水无功，被处死刑，禹继承了他父亲的任务终于把水患平定。禹治水的工作凡历十三年，在这期间，曾三次走过自己的家门，都没有进去，有一次并且听到新产的儿子在呱呱地哭呢。后来舜照尧的旧例，把帝位推让给禹。禹在死前，也照例选定了一位益做自己的继承者。但禹死后，百姓不拥戴益，而拥戴禹的儿子启，于是启践登了帝位（一说益和启争位，为启所杀）。旧例一破便不再回复了。这便是尧、舜"禅让"的故事。

还有一位值得提到的传说中重要人物，那是黄帝。他所占故事中的时代虽在尧舜之先，他的创造却似在尧舜之后。照传说的一种系谱（《史记·五帝本纪》），他是尧的高祖，舜的八世祖，禹的高祖（舜反比禹低三辈，这很奇怪），也是商周两朝王室的远祖，并且成了后来许多向化的外族祖先。黄帝和他左右的一班人物并且是许多文化成分的创造者，例如他发明舟、车、罗盘、阵法、占星术和许多政治的制度；他的妃嫘祖最初教人养蚕织丝；他的诸臣分别发明文字、算术、历法、甲子和种种乐器。总之，他不独是中国人的共祖，并且是中国文化的源头。他的功用是把中国古代史大大地简单化了。

周东封与殷遗民

傅斯年

商朝以一个六百年的朝代，数千里的大国，在其亡国前不久帝乙时，犹是一个强有兵力的组织，而初亡之后，王子禄父等依然能一次一次的反抗周人，何以到周朝天下事大定后，封建者除区区二三百里之宋，四围以诸姬环之，以外，竟不闻商朝遗民尚保存何部落，何以亡得那么干净呢？那些殷商遗民，除以"顽"而迁雒邑者外，运命是怎么样呢？据《逸周书·世俘篇》，"武王遂征四方，凡憝国九十有九国，馘磿亿有十万七千七百七十有九，俘人三亿万有二百三十，凡服国六百五十有二。"果然照这样子"憝"下去，再加以周公成王之"善继人之志，善述人之事"，真可以把殷遗民"憝"完。不过那时候的农业还不曾到铁器深耕的时代，所以绝对没有这么许多人可"憝"，可"馘磿"，所以这话竟无辩探的价值，只是战国人的一种幻想而已。且佶屈聱牙的《周诰》上明明记载周人对殷遗是用一种相当的怀柔政策，而近发见之白懋父敦盖（中央研究院历史语言研究所藏器）记"王命伯懋父以殷八自征东夷"。然则周初东征的部队中当不少有范文虎、留梦炎、洪承畴、吴三桂一流的汉奸。周人以这样一个"臣妾之"之政策，固速成其王业，而殷民藉此亦可延其不尊荣之生存。《左传》定四年记周以殷遗民作东封，其说如下：

昔武王克商，成王定之，选建明德，以藩屏周。故周公相王

室，以尹天下，于周为睦。分鲁公以大路，大旂，夏后氏之璜，封
父之繁弱；殷民六族，条氏，徐氏，萧氏，索氏，长勺氏，尾勺
氏，使帅其宗氏，辑其分族，将其类丑，以法则周公，用即命于
周。是使之职事于鲁，以昭周父之明德。分之土田陪敦，祝宗卜
史，备物典策，官司彝器。因商奄之民，命以伯禽，而封于少皞之
虚。分康叔以大路，少帛，綪茷，旃旌，大吕；殷民七族，陶氏，
施氏，繁氏，锜氏，樊氏，饥氏，终葵氏。封畛土略，自武父以
南，及圃田之北竟，取于有阎之土，以共王职，取于相土之东
都，以会王之东搜。聃季授土，陶叔授民。命以康诰，而封于殷
虚。皆启以商政，疆以周索。分唐叔以大路，密须之鼓，阙巩，
沽洗；怀姓九宗，职官五正。命以唐诰，而封于夏虚。启以夏
政，疆以戎索。

可见鲁卫之国为殷遗民之国，晋为夏遗民之国，这里说得清清楚楚。所谓
"启以商政疆以周索"者，尤显然是一种殖民地政策，虽取其统治权，而仍
其旧来礼俗，放曰"启以商政疆以周索"。这话的绝对信实更有其他确证。
现分述鲁卫齐三国之情形如下。

　　鲁　《春秋》及《左传》有所谓"亳社"者，是一件很重要的事。"亳
社"屡见于《春秋经》，以那样一个简略的二百四十年间之"断烂朝报"，
所记皆是戎祀会盟之大事，而"亳社"独占一位置，则"亳社"在鲁之重
要可知。且《春秋》记"亳社（《公羊》作蒲社）灾"在哀四年，去殷商之
亡已六百余年，已与现在去南宋之亡差不多（共和前无确切之纪年，姑据《通
鉴外纪》，自武王元年至哀四年为631年。宋亡于祥兴二年（1279），去中华民国二十
年（1931）凡六百五十二年。相差甚微。）"亳社"在殷亡国后六百余年犹有作
用，是甚可注意之事实。且《左传》所记"亳社"中有两事尤关重要。哀
七，"以邾子益来献于亳社"，杜云，"以其亡国与殷同"。此真谬说。邾

于殷为东夷,此等献俘,当与宋襄公"用鄫于次睢之社,欲以属东夷",一样,周人谄殷鬼而已。又定六年,"阳虎又盟公及三桓于周社,盟国人于亳社"。这真清清楚楚指示我们:鲁之统治者是周人,而鲁之国民是殷人。殷亡六七百年后之情形尚如此,则西周时周人在鲁,不过仅是少数的统治者,犹钦察汗金骑之于俄罗斯诸部,当更无疑问。

说到这里,有一件很重要的事,当附带着说。孔子所代表之儒家,其地理的及人众的位置在何处,可以借此推求。以儒家在中国文化进展上的重要,而早年儒教的史料仅仅《论语》《檀弓》《孟子》《荀子》几篇,使我们对于这个宗派的来源不明了,颇是一件可惜的事。孙星衍重修之《孔子集语》,材料虽多,几乎皆不可用。《论语》与《檀弓》在语言上有一件特征,即吾我尔汝之分别颇显:此为胡适之先生之重要发见(《庄子·齐物》等篇亦然)。《檀弓》与《论语》既为一系,且看《檀弓》中孔子自居殷人之说于《论语》有证否。

〔《檀弓》〕孔子蚤作,负手曳杖消摇于门。歌曰:"泰山其颓乎?梁木其坏乎?哲人其萎乎?"既歌而入,当户而坐。子贡闻之,曰:"泰山其颓,则吾将安仰?梁木其坏,哲人其萎,则吾将安放?"夫人殆将病也。遂趋而入。夫子曰:"赐,尔来何迟也?"夏后氏殡于东阶之上,则犹在阼也。殷人殡于两楹之间,则与宾主夹之也。周人殡于西阶之上,则犹宾之也。而丘也,殷人也。予畴昔之夜梦坐奠于两楹之间。夫明王不与,而天下其孰能宗予?予殆将死也!"盖寝疾七日而没。

这话在《论语》上虽不曾重见(《檀弓》中有几段与《论语》同的),然《论语》《檀弓》两书所记孔子对于殷周两代之一视同仁态度,是全然一样的。

《论语》行夏之时，乘殷之辂，服周之冕，乐则韶舞。

殷因于夏礼，所损益，可知也。周因于殷礼，所损益，可知也。其或继周者，虽百世可知也。

周监于二代，郁郁乎文哉！吾从周。

夏礼吾能言之，杞不足征也；殷礼吾能言之，宋不足征也；文献不足故也，足则吾能征之矣。

《檀弓》殷既封而吊，周反哭而吊。孔子曰："殷已悫，吾从周。"

殷练而祔，周卒哭而祔。孔子善殷（此外《檀弓篇》中记三代异制而折衷之说甚多，不备录）。

这些话都看出孔子对于殷周一视同仁，殷为胜国，周为王朝，却毫无宗周之意。所谓从周，正以其"后王灿然"之故，不曾有他意。再看孔子是否有矢忠于周室之心。

《论语》公山弗扰以费畔，召，子欲往。子路不说，曰："末之也已，何必公山氏之之也？"子曰："夫召我者而岂徒哉？如其用我者，吾其为东周乎？"（《阳货》章。又同章：佛肸召，子欲往。）

子畏于匡，曰："文王既没，文不在兹乎？天之将丧斯文也，后死者不得与于斯文也。天之未丧斯文也，匡人其如予何？"

这话直然要继衰周而造四代。虽许多事要以周为师，却绝不以周为宗。公羊家义所谓"故宋"者，证以《论语》，当是儒家之本原主义。然则孔子之请讨弑君，只是欲维持当时的社会秩序。孔子之称管仲，只是称他曾经救了文明，免其沉沦，所有"丕显文武"一类精神的话语，不曾说过一句，而明说"其或继周者"（曾国藩一辈人传檄讨太平天国，只是护持儒教，与传统之文明，无

儒家的创始者孔子

一句护持满洲。颇与此类）。又孔子但是自比于老彭，老彭是殷人，又称师挚，亦殷人，称高宗不冠以殷商字样，直曰"书曰"。称殷三仁，尤有余音绕梁之趣，颇可使人疑其有"故国旧墟""王孙芳草"之感。此皆出于最可信的关于孔子之史料，而这些史料统计起来是这样，则孔子儒家与殷商有一种密切之关系，可以晓然。

尤有可以证成此说者，即三年之丧之制。如谓此制为周之通制，则《左传》《国语》所记周人之制毫无此痕迹。孟子鼓动滕文公行三年之丧。而滕国卿大夫说，"吾先君莫之行，吾宗国鲁先君亦莫之行也"。这话清清楚楚证明三年之丧非周礼。然而《论语》上记孔子曰，"夫三年之丧，天下之通丧也"。这话怎讲？孔子之天下，大约即是齐鲁宋卫，不能甚大，可以"登大山而小天下"为证。然若如"改制托古"者之论，此话非删之便须讳之，实在不是办法。惟一可以解释此困难者，即三年之丧，在东国，在民间，有相当之通行性，盖殷之遗礼，而非周之制度。当时的"君子（即统治者），三年不为礼，礼必坏，三年不为乐，乐必崩"；而士及其相近之阶级，则渊源有自，齐以殷政者也。试看关于大孝，三年之丧，及丧后三年不做事之代表人物，如太甲，高宗，孝己，皆是殷人，而"君薨，百官总已以听于冢宰者三年"，全不见于周人之记载。说到这里，有《论语》一章，向来不得其解者。似可以解之：

子曰："先进于礼乐，野人也；后进于礼乐，君子也。如用之，则吾从先进。"

此语作何解，汉宋诂经家说皆迂曲不可通。今释此语，须先辩其中名词含义若何。"野人"者，今俗用之以表不开化之人。此为甚后起之义。《诗》，"我行其野，芃芃其麦"，明野为农田。又与《论语》同时书之《左传》，记僖二十三年"晋公子重耳……出于五鹿，乞食于野人。野人与之块"。然则野人即是农夫，孟子所谓"齐东野人"者，亦当是指农夫。彼时齐东开辟已甚，已无荒野。且孟子归之于齐东野人之尧与瞽瞍北面朝舜舜有惭色之一件文雅传说，亦只能是田亩间的故事，不能是深山大泽中的神话。孟子说到"与木石居，与鹿豕游"，便须加深山于野人之上，方足以尽之（《孟子·尽心章》"其所以异于深山之野人者，几希"）。可见彼时所谓野人，非如后人用之以对"斯文"而言。《论语》中君子有二义，一谓卿大夫阶级，即统治阶级，二谓合于此阶级之礼度者。此处所谓君子者，自当是本义。先进后进自是先到后到之义。礼乐自是泛指文化，不专就玉帛钟鼓而言。名词既定，试翻做现在的话，如下：

那些先到了开化的程度的，是乡下人；那些后到了开化程度的，是"上等人"。如问我何所取，则我是站在先开化的乡下人一边的。

先开化的乡下人自然是殷遗。后开化的上等人自然是周宗姓婚姻了。

宋卫　宋为商之转声，卫之名卫由于豕韦。宋为商之宗邑，韦自汤以来为商属。宋之立国始于微子，固是商之子遗。卫以帝乙、帝辛之王都，康叔以殷民七族而立国。此两处人民之为殷遗，本不待论。

齐　齐民之为殷遗有二证。一、《书》序："成王既践奄，将迁其君于蒲姑。周公告召公，作将蒲姑。"《左传》昭九："王使詹伯辞于晋曰：
'薄姑商奄，吾东上也。'"又，昭二十，晏子对景公曰："昔爽鸠氏始
居此地，季蒩因之，有逢伯陵因之，蒲姑氏因之，而后太公因之。"《汉
书·地理志》云："齐地殷末有薄姑氏，至周成王时，薄姑与四国共作乱，
成王灭之，以封师尚父。"二、请再以齐宗教为证。王静安曰："曰'贞
方帝卯一牛之南口'，曰'贞爰于东'，曰'己巳卜王爰于东'，曰'爰于
西'，曰'贞爰于西'，曰'癸酉卜中贞三牛'。曰'方帝'，曰'东'，
曰'西'，曰'中'，疑即五方帝之祀矣。"（《增订殷墟书契考释》下六十
叶）然则荀子所谓"按往旧造说谓之五行"者，其所由来久远，虽是战国人
之推衍，并非战国人之创作，此一端也。周人逐纣将飞廉于海隅而戮之。飞
廉在民间故事中曰黄飞虎，黄飞虎之祀，至今在山东与玄武之祀同样普遍，
太公之祀不过偶然有之，并且是文士所提倡，不与民间信仰有关系。我们可
说至今山东人仍祭商朝的文信国郑延平，此二端也。至于亳之在山东，泰山
之有汤迹，前章中已详论，今不更述。

然则商之宗教，其祖先崇拜在鲁犹发展，而为儒学，其自然崇拜在齐
独发展，而为五行方士，各得一体，派衍有自。试以西洋史为比：西罗马
之亡，帝国旧土分为若干蛮族封建之国。然遗民之数远多于新来之人，故经
千余年之紊乱，各地人民以方言之别而成分化，其居意大利，法兰西，西班
牙半岛，意大利西南部二大岛，以及多脑河北岸，今罗马尼亚国者，仍成拉
丁民族，未尝为日耳曼人改其文化的，语言的，民族的系统。地中海南岸，
若非因亚拉伯人努力其宗教之故，恐至今仍在拉丁范围中。遗民之不以封建
改其民族性也如是。商朝本在东方，西周时东方或以被征服而暂衰，入春秋
后文物富庶又在东方，而鲁宋之儒墨，燕齐之神仙，惟孝之论，五行之说，
又起而主宰中国思想者二千余年。然则谓殷商为中国文化之正统，殷遗民为
中国文化之重心，或非孟浪之言。战国学者将一切神话故事充分的伦理化，
理智化，于是不同时代不同地方之宗神，合为一个人文的"全神堂"，遂有

《皋陶谟》一类君臣赓歌的文章。在此全神堂中，居"敬敷五教"之任者，偏偏不是他人，而是商之先祖契，则商人为礼教宗信之寄象，或者不是没有根据的吧。

（原载1934年《国立中央研究院历史语言研究所集刊》第四本第三分）

霸国与霸业

张荫麟

第一节 楚的兴起

江水在四川、湖北间被一道长峡约束住；出峡，向东南奔放，泻成汪洋万顷的洞庭湖，然后折向东北；至武昌，汉水来汇。江水和汉水界划着一大片的沃原，这是荆楚民族的根据地。周人虽然在汉水下游的沿岸（大部分在东北岸）零星地建立了一些小国，但他们是绝不能凌迫楚国，而适足以供它蚕食的。在楚的西边，巴（在今巫山至重庆一带）庸（在今湖北竹山县东）等族都是弱小得只能做楚的附庸；在南边，洞庭湖以外是无穷尽的荒林，只等候楚人去开辟；在东边，迄春秋末叶吴国勃兴以前，楚人亦无劲敌。从周初以来，楚国只有侵略别国别族的分，没有惧怕别国别族侵略的分。这种安全是黄河流域的诸夏国家所没有的。军事上的安全而外，因为江汉流域的土壤肥美，水旱稀少，是时的人口密度又比较低，楚人更有一种北方所仰羡不及的经济的安全。

这两种的安全使得楚人的生活充满了优游闲适的空气，和北人的严肃紧张的态度成为对照。这种差异从他们的神话可以看出。楚国王族的始祖不是胼手胝足的农神，而是飞扬缥缈的火神；楚人想象中的河神不是治水平土的工程师，而是含睇宜笑的美女。楚人神话里，没有人面虎爪、遍身白毛、手执斧钺的蓐收（上帝的刑神），而有披着荷衣、系着蕙带、张着孔雀盖和翡翠於的司命（主持命运的神）。适宜于楚国的神祇的不是牛羊犬豕的羶腥，而是蕙肴兰藉和桂酒椒浆的芳烈；不是苍髯皓首的祝史，而是采衣姣服的巫女。再从文学上看，后来战国时楚人所作的《楚辞》也以委婉的音节，缠绵的情绪，缤纷的词藻而别于朴素、质直、单调的《诗》三百篇。

楚国的语言和诸夏相差很远。例如楚人叫哺乳做谷，叫虎做於菟。直至战国时北方人还说楚人为"南蛮鴂舌之人"。但至迟在西周时楚人已使用诸夏的文字。现存有一个周宣王时代的楚钟（《夜雨楚公钟》），其铭刻的字体文体均与宗周金文一致。这时楚国的文化盖已与周人相距不远了。后来的《楚辞》也大体上是用诸夏的文言写的。

第一章里已提及，传说周成王时，楚君熊绎曾受周封。是时楚都于丹阳，在今湖北秭归之东。至昭王时，楚已与周为敌。周昭王曾屡次伐楚，有一次在汉水之滨全军覆没。后来他南巡不返，传说是给楚人害死的，周人也无可奈何。周夷王时，熊渠崛起，东向拓地至于鄂，即今武昌县境。渠子红继位，即都于鄂，以后六传至熊咢不改。上文提到的楚钟即熊咢的遗器，发现于武昌与嘉鱼之间的。熊咢与宣王同时而稍后。当宣王之世，周楚曾起兵争，而楚锋大挫。故是时的周人遗诗有"蠢尔蛮荆，大邦为雠。方叔元老，克壮其犹"之语。咢四传为武王，其间楚国内变频仍，似无暇于外竞。武王即位于周平王三十一年，从他以后，楚国的历史转入一新阶段，亦从他以后楚国的历史才有比较详细的记录。他三次侵随；合巴师围鄾、伐郧、伐绞、伐罗，无役不胜。又灭掉权国。他的嗣子文王始都于郢（即今湖北江陵）。在文王以前，楚已把汉水沿岸的诸姬姓国家剪灭殆尽。文王更把屏藩中原的三大重镇，申国、邓国和息国灭掉（息、邓皆河南今县，申即南阳），奠定了楚国经略中原的基础。中原的中枢是郑国。自从武王末年，郑人对楚已惴惴不安。文王的侵略的兵锋终于刺入郑国，但他没有得志于郑而死。他死后二十年间楚国再接再厉地四次伐郑。但这时齐国已兴起做它北进的第一个敌手了。

第二节　齐的兴起（附宋）

　　齐国原初的境土占今山东省的北部，南边以泰山山脉与鲁为界，东边除去胶东半岛。这半岛在商代已为半开化的莱夷的领域。太公初来，定都营丘（后名临淄，今仍之）的时候，莱夷就给他一个迎头痛击。此后莱夷和齐国的斗争不时续起，直到前五六七年齐人灭莱为止。灭莱是齐国史中一大事。不独此后齐国去了一方的边患，不独此后它的境土增加了原有的一半以上，而且此后它才成为真正的海国。以前它的海疆只有莱州湾的一半而已。

　　但远在灭莱之前，当春秋的开始，齐已强大。前七〇六年，郑太子忽带兵助齐抵御北戎有功，齐侯要把女儿文姜嫁给他，他便以"齐大非吾偶"的理由谢绝。原来文姜和她的大哥即后日的齐襄公，有些暧昧的关系。她终于嫁了鲁桓公。有一次桓公跟她回娘家，居然看破并且说破了襄公与她之间的隐情。襄公老羞成怒，便命一个力士把桓公杀了。讲究周礼的鲁人，在齐国的积威之下，只能哀求襄公把罪名加给那奉命的凶手，拿来杀了，聊以遮羞。这时齐国的强横可以想见。此事发生后四年（前六九〇年）襄公灭纪（在今山东寿光县南，为周初所封与齐同姓国）。这是齐国兼并小国之始。襄公后来被公子无知所弑，无知僭位后，又被弑，齐国大乱。襄公有二弟：长的名纠，由管仲和召忽傅佐着；次的名小白，由鲍叔牙傅佐着。襄公即位，鲍叔看他的行为太不像样，知道国内迟早要闹乱子，便领着小白投奔莒国。乱起，管仲也领着公子纠逃往鲁国，纠的母亲原是鲁女。无知死后，鲁君便派兵护送公子纠回国，要扶立他。齐、鲁之间，本来没有好感，齐人对于鲁君的盛意十分怀疑，派兵挡驾。同时齐的巨室国、高二氏暗中差人去迎接小白。鲁君也虑及小白捷足先归，早就命管仲带兵截住莒、齐间的道路。小白后到，管仲瞄准他的心窝，一箭射去，正中目标，眼见他应弦仆倒。小白的死讯传到鲁国后，护送公子纠的军队在庆祝声中，越行越慢，及到齐境，则齐国已经有了新君，就是小白！原来管仲仅射中他的带钩，他灵机一动，装死躺下，安然归国。

小白即桓公，他胜利后，立即要求鲁人把公子纠杀了。召忽闻得公子纠死，便以身殉。管仲却依然活着。他同鲍叔本是知友，鲍叔向桓公力荐他。桓公听鲍叔的话，把国政付托给他，称他为"仲父"。此后桓公的事业全是管仲的谋画。桓公怎样灭谭、灭遂、灭项；怎样号召诸侯，开了十多次的冠裳盛会；怎样在尊王的题目下，操纵王室的内政，阻止惠王废置太子，而终于扶太子正位，这些现在都从略。他的救邢、救卫，以阻挡狄人的南侵，给诸夏造一大功德，前面已说过。现在单讲他霸业中的一大项目：南制荆楚。在前六五九年即当楚文王死后十八年，当齐国正忙着援救邢卫的时候，楚人第三次攻郑。接着两年中，他们又两次攻郑，非迫到它和楚"亲善"不休。郑人此时却依靠着齐国。桓公自然不肯示弱。前六五七年，他联络妥了在楚国东北边，而可以牵制齐兵的江、黄二国。次年便率领齐、鲁、宋、陈、卫、郑、曹、许的八国联军，首先讨伐附楚的蔡国。蔡人望风溃散。这浩荡的大军，乘胜侵入楚境。楚人竟不敢应战，差人向齐军说和。桓公等见楚方无隙可乘，亦将就答应，在召陵（楚境，在今河南郾城县东）的地方和楚国立了一个盟约而退。盟约的内容不可考，大约是楚国从郑缩手，承认齐对郑的霸权，但其后不久，周王因为易储的问题，怨恨桓公，怂恿郑国背齐附楚，许以王室和晋国的援助，郑人从之。于是附齐的诸侯伐郑，楚伐许以援郑，因诸侯救许而退。但许君经蔡侯的劝诱和恐吓，终于在蔡侯的引领之下，面缚衔璧，并使大夫穿丧服，士抬棺材，跟随在后，以降于楚。次年齐以大军伐郑，郑人杀其君以求和于齐。其后桓公之终世，郑隶属齐的势力范围。在这期间楚不能得志于北方，转而东向，灭弦（都今湖北蕲水西北），灭黄（都今河南潢川西）。齐人无如之何；继又讨伐附齐的徐戎，败之，齐与诸侯救徐，无功而退。

召陵之盟是桓公霸业的极峰。其后十二三年，管仲和桓公先后去世。

管仲的功业在士大夫间留下很深的印象，他死了百余年后，孔子还赞叹着："微管仲，吾其被发左衽（做戎狄）矣！"到了战国时代，管仲竟成了政治改革的传说的箭垛；许多政治的理论和一切富国强兵的善策、奇策、谬策，都堆在他名下，这些理论和方策的总结构成现存《管子》书的主要部分。

桓公死后，五公子争位，齐国和诸夏同时失了重心。于是宋襄公摆着霸主的架子出场。他首先会合些诸侯，带兵入齐，给它立君定乱。这一着是成功了。接着，他拘执了滕君，威服了曹国，又逼令邾人把鄫君杀了祭社，希望藉此服属与鄫不睦的东夷。接着他要求楚王分给他以领导诸侯霸权，楚王是口头答应了。他便兴高采烈的大会诸侯。就在这会中，楚王的伏兵一起，他从坛坫上的盟主变作阶下之囚徒。接着他的囚车追陪楚君临到宋境。幸而宋国有备，楚王姑且把他放归。从此他很可以放下霸主的架子了，可是不然。自从桓公死后，郑即附楚，郑君并且亲朝于楚。于是襄公伐郑。他的大军和楚的救兵在泓水上相遇。是时楚人涉渡未毕，宋方的大司马劝襄公正好迎击，他说不行。一会，楚人都登陆，却还没整队，大司马又劝他进击，他说，还是不行。等到楚人把阵摆好，他的良心才容许他下进攻令。结果，宋

春秋战国时期的白玉龙纹透雕璜

军大败；他伤了腿，后来因此致死。死前他还大发议论道："君子临阵，不在伤上加伤，不捉头发斑白的老者；古人用兵，不靠险阻。寡人虽是亡国之余，怎能向未成列的敌人鸣鼓进攻呢？"桓公死后十年间，卫灭邢；邾灭须句；秦灭芮、梁；楚灭夔。

第三节　晋楚争霸

桓公的霸业是靠本来强盛的齐国做基础的。当他称霸的时代，晋国和秦国先后又在缔构强国的规模，晋国在准备一个接替桓公的霸主降临，秦国在给未来比霸业更宏大的事业铺路。话分两头，先讲晋国。

晋始封时都于唐（今太原县北），在汾水的上游；其后至迟过了三个半世纪，已迁都绛（今翼城县），在汾水的下游。晋人开拓的路径是很明显的。不过迁绛后许久他们还未曾占有汾水流域的全部，当汾水的中游还梗着一个与晋同姓的霍国，当汾水将近入河的地方还碍着一个也与晋同姓的耿国，前七四五年晋君把绛都西南百多里外的曲沃，分给他的兄弟，建立了一个强宗。此后晋国实际分裂为二。曲沃越来越盛，晋国越来越衰，它们间的仇隙也越来越大。这对抗的局面终结于前六七九年曲沃武公灭晋并且拿所得的宝器向周王买取正式的册封。老耄的武公，受封后两年，便一瞑不视，遗下新拼合的大国给他的儿子献公去粘缀、镶补。

献公即位于齐桓公十年（前六七六年），死于桓公三十五年。他二十六年的统治给晋国换一副面目。他重新修筑了绛都的城郭；把武公的一军扩充为二军。他灭霍、灭耿、灭魏、灭虞、灭虢，使晋国的境土不独包括了整个的汾水流域，并且远蹑到大河以南。但献公最重要的事业还不止此。却说武公灭晋后，自然把他的公族尽力芟锄，免遗后患。我们可以想像晋国这番复合之后，它的氏室必定灭了许多，但在曲沃一方，自从始封以来，公子公孙们新立的氏室为数也不少。献公即位不久，便设法收拾他们。他第一步挑拨其中较穷的，使与"富子"为仇，然后利用前者去打倒后者。第二步，他让残余的宗子同住一邑，好意地给他们营宫室，筑城郭；最后更好意地派大兵去保卫他们，结果，他们的性命都不保。于是晋国的公族只剩下献公的一些儿子。及献公死，诸子争立。胜利者鉴于前车，也顾不得什么父子之情，把所有长成而没有继位资格的公子都遣派到各外国居住，此后的一长期中，公子居外，沿为定例。在这种制度之下，遇着君死而太子未定，或君死而太子幼弱的当儿，君权自然失落在异姓的卿大夫手里。失落容易，收复却难。这种制度的成立便是日后"六卿专晋"，"三家分晋"的预兆。话说回来，献公夷灭群宗后，晋国的力量一时集中在公室；加以他凭藉"险而多马"的晋土，整军经武，兼弱攻昧，已积贮了向外争霸的潜能。可惜他晚年沉迷女色，不大振作，又废嫡立庶，酿成身后一场大乱，继他的儿孙又都是下等材料。晋国的霸业还要留待他和狄女所生的公子重耳，就是那在外漂流十九年，周历八国，备尝艰难险阻，到六十多岁才得位的晋文公。

文公即位时，宋襄公已经死了两年。宋人又与楚国"提携"起来，其他郑、鲁、卫、曹、许……等国，更不用说了。当初文公漂流过宋时，仁慈的襄公曾送过他二十乘马。文公即位后，对宋国未免有情。宋人又眼见他归国两年间，内结民心，消弭反侧；外联强秦，给王室戡定叛乱，觉得他大可倚靠，便背楚从晋。楚率陈、蔡、郑、许的兵来讨，宋人向晋求救。文公和一班患难相从的文武老臣筹商了以后，便把晋国旧有的二军更扩充为三军，练兵选将，预备"报施救患，取威定霸"。他先向附楚的国曹、卫进攻，占据了他们的都城；把他们的田分给宋国；一面叫宋人赂取齐、秦的救援。虽是著名"刚而无礼"的楚帅子玉，也知道文公是不好惹的，先派人向晋军说和，情愿退出宋境，只要晋军同时也退出曹、卫。文公却一面私许恢复曹、卫，让他们宣告与楚国绝交；一面把楚国的来使拘留。这一来把子玉的怒火点着了。于是前六三二年，即齐桓公死后十一年，楚、陈、蔡的联军与晋、宋、齐、秦的联军大战于城濮（卫地）。就在这一战中，楚人北指的兵锋初次被挫，文公成就了凌驾齐桓的威名，晋国肇始它和楚国八十多年乍断乍续的争斗。

这八十多年的国际政治史表面虽很混乱，却有它井然的条理，是一种格局的循环。起先晋楚两强，来一场大战；甲胜，则若干以前附乙的小国自动或被动地转而附甲；乙不肯干休，和它们算账；从了乙，甲又不肯干休，又和它们算账，这种账算来算去，越算越不清，终于两强作直接的总算账，又来一场大战。这可以叫做"晋、楚争霸的公式"。晋、楚争取小国的归附就是争取军事的和经济的势力范围。因为被控制的小国对于所归附的霸国大抵有两种义务：（一）是当它需要时，出定额的兵车助它征伐。此事史无明文，但我们从以下二事可以类推：（1）齐国对鲁国某次所提出的盟约道："齐师出境而不以甲车三百乘从我者，有如此盟！"（2）其后吴国称霸，鲁对它供应军赋车六百乘，邾三百乘。（二）是以纳贡或纳币的形式对霸国作经济上的供应（贡是定期的进献，币是朝会庆吊的赘礼）。此事史亦无明文，但我们从以下三事可以推知：（1）楚人灭黄的藉口是它"不归楚贡"。（2）前五四八年晋执政赵文子令减轻诸侯的币，而加重待诸侯的礼；他就预料兵祸可以从此稍息。（3）前五三〇年郑往晋吊丧，带去作赘礼的币用一百辆车输运，一千人押送。后来使人不得觐见的机会，那一千人的旅费就把带去的币用光！当周室全盛时，诸侯对于天王所尽的义务也不过如上说的两事。可见霸主即是有实无名的小天王，而同时正式的天王却变成有名无实了。

在晋、楚争霸的公式的复演中，战事的频数和剧烈迥非齐桓、宋襄的时代可比，而且与日俱甚。城濮之战后三十五年，晋师救郑，与楚师遇，而有邲（郑地）之战，楚胜；又二十二年，楚师救郑，与晋师遇，而有鄢陵（郑地）之战，晋胜；又十八年，晋伐楚以报楚之侵宋（先是楚侵宋以报晋之取郑），而有湛阪（楚地）之战，晋胜。但这四次的大战只是连绵的兵祸的点逗。在这八十余年间，楚灭江、六、蓼、庸、萧（萧后入于宋）及群舒；晋灭群狄，又灭偪阳以与宋；齐灭莱；秦灭滑（滑后入于晋）；鲁灭邾；莒灭鄫（鄫后入于鲁）。在这期间，郑国为自卫，为霸主的命令，及为侵略而参加的争战在七十二次以上。宋国同项的次数在四十六以上。其他小国可以类推。兵祸的惨酷，可以从两例概见：（一）前五九七年，正当邲战之前，楚人在讨叛的名目下，围攻郑都。被围了十七天后，郑人不支，想求和，龟兆却不赞成；只有集众在太庙哀哭，并且每巷备定一辆车，等候迁徙，这一着却是龟兆所赞成的。当民众在太庙哀哭时，守着城头的兵士也应声大哭。楚人都被哭软了，不禁暂时解围。郑人把城修好，楚兵又来，再围了三个月，终于把城攻破，郑君只得袒着身子，牵着一只象征驯服的羊去迎接楚王。（二）过了两年，恶运轮到宋人头上。楚王派人出使齐国，故意令他经过宋国时，不向宋人假道。宋华元说：经过我国而不来假道，就是把我国看作属地，把我国看作属地就是要亡我国；若杀了楚使，楚人必来侵伐，来侵伐也是要亡我国；均之是亡，宁可保全自己的尊严。于是宋杀楚使。果然不久楚国问罪的大军来到宋都城下，晋国答应的救兵只是画饼。九个月的包围弄到城内的居民"易子而食，析骸以炊"；楚人还在城外盖起房舍，表示要久留。但宋人宁可死到净尽，不肯作耻辱的屈服。幸亏华元深夜偷入楚营，乘敌帅子反的不备，挥着利刃，迫得他立誓，把楚军撤退三十里，和宋国议和，这回恶斗才得解决。

像这类悲惨事件所构成的争霸史却怎样了结？难道它就照一定的公式永远循环下去吗？难道人类共有的恻隐心竟不能推使一个有力者，稍作超国界的打算吗？前五七九年，尝透了战争滋味的华元开始作和平运动。这时他同晋、楚的执政者都很要好；由他的极力拉拢，两强订了下面的盟约：

　　凡晋、楚无相加戎，好恶同之，同恤蕾危，备救凶患。若有害楚，则晋伐之；在晋，楚亦如之。交贽往来，道路无壅。谋其不协，而讨不庭（不来朝的）。有渝此盟，明神殛之；俾队（坠）其师，无克胙国。

这简直兼有现在所谓"互不侵犯条约"和"攻守同盟"了。但这"交浅言深"的盟约，才侥幸保证了三年的和平，楚国便一手把它撕破，向晋方的郑国用兵；次年便发生鄢陵的大战。

争霸的公式再循环了一次之后，和平运动又起。这回主角向戌也是宋国的名大夫，也和晋、楚的执政者都有交情的。但他愿望和福气都比华元大。前五四六年，他在宋都召集了一个十四国的"弭兵"大会。兵要怎样弭法，向戌却是茫然的。这个会也许仅只成就一番趋跄揖让的虚文，若不是楚国的代表令尹子木提出一个踏实的办法：让本未附从晋或楚的国家以后对晋、楚尽同样的义务。用现在的话说，这就是"机会均等""门户开放"的办法。子木的建议经过两次的小修正后到底被采纳了。第一次的修正是在晋、楚的附从国当中把齐、秦除外，因为这时亲晋的齐和亲楚的秦都不是好惹的。第二次的修正又把邾、滕除外。因为齐要把邾、宋要把滕划入自己的势力范围。四国除外，所以参加盟约的只有楚、晋、宋、鲁、郑、卫、曹、许、陈、蔡十国。

在这次盟会中晋国是大大地让步了。不独它任由楚人自居盟主；不独它任由楚人"衷甲"赴会，没一声抗议；而那盟约的本身就是楚国的胜利；因为拿去交换门户开放的，晋方有郑、卫、曹、宋、鲁五国，而楚方则只有陈、蔡、许三国。但晋国的让步还有更大的。十二年后，楚国又践踏着这盟约，把陈国灭了（五年后又把它复立，至前四七八年终灭之），晋人只装作不知。弭兵之会后不久，晋人索性从争霸场中退出了。晋国的"虎头蛇尾"是有苦衷的。此会之前，晋国已交入一个蜕变的时期。在这时期中，它的主权从公室移到越来越少的氏室，直至它裂为三国才止。在这蜕变的时期中，它只有蛰伏不动。但楚国且慢高兴，当它灭陈的时候，新近暴发的吴国已蹑在它脚后了。

第四节　吴越代兴

自泰伯君吴后，十九世而至寿梦。中间吴国的历史全是空白。寿梦时，吴国起了一大变化。这变化的起源，说来很长。前六一七年，即城濮之战后十五年，陈国有夏徵舒之乱。徵舒的母亲夏姬有一天同陈灵公和两位大夫在家里喝酒。灵公指着徵舒对一位大夫说道："徵舒像你。"那位大夫答道："也像你。"酒后徵舒从马厩里暗箭把灵公射死。陈国大乱。楚庄王率兵入陈定乱，杀了徵舒，俘了夏姬回来，打算把她收在宫里。申公巫臣说了一大番道理把他劝阻了。有一位贵族子反想要她，巫臣又说了一大番道理把他劝阻了。后来夏姬落在连尹襄老之手。邲之战，襄老战死，他的儿子又和她有染。巫臣却遣人和她通意，要娶她，并教她借故离楚；而设法把她安顿在郑。夏姬去后不久，巫臣抓着出使齐国的机会。他行到郑国，便叫从人把所赍的"币"带回去，而自己携着夏姬投奔晋国。子反失掉夏姬，怀恨巫臣。又先时另一位贵族要求赏田，为巫臣所阻，亦怀恨他。二人联合，尽杀巫臣的家族，而瓜分他的财产。巫臣由晋致书二人，誓必使他们"疲于奔命以死"。于是向晋献联吴制楚之策。他亲自出使于吴，大为寿梦所欢迎。吴以前原是服属于楚的，他教寿梦叛楚。他从晋国带来了一队兵车，教吴人射御和车战之术。吴本江湖之国，习于水战而不习于陆战。但从水道与楚争，则楚居长江的上游而吴居其下游，在当时交通技术的限制之下，逆流而进，远不如顺流而下的利便。故吴无法胜楚。但自从吴人学得车战后，形势便大变了。他们从此可以舍舟而陆，从淮南江北间掷楚之背。从此楚的东北境无宁日。楚在这一方面先后筑了钟离、巢及州来在三城（皆在今安徽境，州来在寿县，巢在庐州，钟离在临淮县）以御吴。吴于公元前五一九年取州来。其后七年间以次取巢取钟离并灭徐。前五〇六年，即向戌弭兵之会后四十年，吴王阖闾大举伐楚。吴军由蔡人引导，从现今的寿县、历光、黄，经义阳三关，进至汉水北岸，乃收军；楚军追战至麻城（时称柏举）大溃。吴师继历五战，皆胜，遂攻入郢都。楚昭王逃奔于随。这次吴人悬军深入，饱掠之后，不能不退，但楚国却受到空前的深痛巨创了。昭王复国后，把国都北迁于都，是为鄀郢，即今湖北宜城。

像晋联吴制楚，楚亦联越制吴。

在周代的东南诸外族中，越受诸夏化最晚。直至战国时，中国人在寓言中提到越人，还说他们"断发文身"，说他们"徒跣"不履；又有些学者说越"民愚疾而垢"是因为"越之水重浊而洎"。此时越人的僿野可想。越人的语言与诸夏绝不相通。现在还保存着前五世纪中叶一首用华字记音的越歌和它的华译。兹并录如下，以资比较。

越歌	华译
滥兮抃草滥予昌枑泽予昌州州𩜎州焉乎秦胥胥缦予乎昭澶秦逾渗惿随河湖（句读已佚）	今夕何夕兮，搴洲中流？今日何日兮，得与王子同舟？蒙羞被好兮，不訾诟耻。心几烦而不绝兮，得知王子。山有木兮，木有枝，心悦君兮，君不知

越人在公元前五三七年以前的历史除了关于越王室起源的传说外，全是空白。是年越人开始随楚人伐吴。其后吴师入郢，越人即乘虚袭其后。入郢之后十年，吴王阖闾与越王句践（编者注：句践，也作勾践）战于槜李（今嘉兴），大败，受伤而死。其子夫差于继位后三年（前四九四年）大举报仇，句践败到只剩甲楯五千，退保会稽（今绍兴），使人向夫差卑辞乞和，情愿称臣归属。此时有人力劝夫差趁势灭越。夫差却许越和。大约一来他心软，二来他认定越再无能为，而急于北进与诸夏争霸，不愿再向南荒用兵了。在此后十二年间，夫差忙于伐陈伐鲁，筑城于邗（即今扬州），凿运河连接江淮，从陆路又从海道（吴以舟师从海道伐齐为我国航海事见于记载之始）伐齐，和朝会北方诸侯；而句践则一方面向夫差献殷勤，向他的亲信大臣送贿赂，一方

面在国内奖励生育（令壮者不得娶老妇，老者不得娶壮妻；女子十七不嫁，男子二十不娶，其父母有罪），并给人民以军事训练。前四八二年，夫差既两败齐国，大会诸侯于齐的黄池。他要学齐桓、晋文的先例，自居盟主。临到会盟的一天，晋人见他神色异常的不佳，料定他国内有变，坚持不肯屈居吴下，一直争执到天黑，结果他不得不把盟主的地位让给晋国。原来他已经秘密接到本国首都（吴原都句吴，在今无锡东南，至夫差始迁于姑苏，即今苏州）被越人攻陷的消息了。夫差自黄池扫兴而归后，与越人屡战屡败。前四七三年，吴亡于越，夫差自杀。句践踏着夫差的路径北进，大会诸侯于徐州（据顾栋高考，此徐州在今山东滕县，非江苏之徐州），周王亦使人来"致胙"。后又迁都于琅琊（越本都会稽，即今绍兴，至句践前一代迁诸暨），筑起一座周围七里的观台，以望东海。这时越已拓地至山东，与邾、鲁为界了。

句践死于前四六五年，又六十三年而晋国正式分裂为三，那是战国时代的开始。在这中间，越灭滕（后恢复）、灭郯；楚则灭蔡、灭杞、灭莒（莒后入于齐），亦拓地至山东境。在转到战国时代之前，让我们补记两个和向戌先后并世的大人物：一个是郑公孙侨，字子产，即弭兵大会中郑国的代表之一；另一个是鲁孔丘，字仲尼，即后世尊称为孔子的。

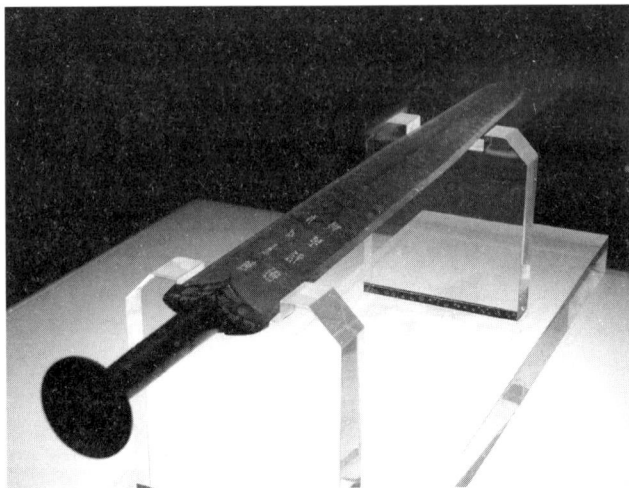

越王句践剑

第五节　郑子产

公元前五六五年，即鄢陵大战后十年，郑司马子国打胜了蔡（是时蔡是楚的与国），把他的主师也俘了回来，郑人都在庆祝，子国更是兴高采烈。他的一位约莫十六七岁的儿子却冷静地说道："小国没有把内政弄好，却先立了战功，那是祸种。楚人来讨伐怎办？依了楚，晋人来讨伐又怎办？从今以后，至少有四五年郑国不得安宁了！"子国忙喝道："国家大事，有正卿做主。小孩子胡说，要被砍头的。"正卿做主的结果，不到一年，楚、晋的兵连接来临郑国。那位受屈的小预言家就是子产。

胜蔡后两年，子国和正卿给一群叛徒在朝廷中杀死了。正卿的儿子，闻得恶耗，冒冒失失地立即跑出，吊了尸，便去追贼，但贼众已挟着郑君，跑入北宫。他只得回家调兵，但回到时，家中的臣属和奴婢已走散了一大半，器物也损失了不少。他兵也调不成了。子产闻得恶耗，却不慌不忙，先派人把守门口，然后聚齐家臣属吏，督着他们封闭府库，布置防守；然后领着十七乘的兵车，列着队伍出发，吊了尸，就去攻贼，别的贵族闻风来助，把贼众通通杀死了。从此以后，郑国的卿大夫们对这位公孙侨都另眼相看。

再经过几番的大难和子产几番的匡扶之后，那外受两强夹剪，内有巨室捣乱的郑国终于（在前五四三年，弭兵之会后三年）轮到子产主持。这时他才约莫四十岁。

子产知道那习于因循苟且的郑国，非经过一番革新整饬，不足以应付危局。他给全国的田土重新厘定疆界，划分沟洫，把侵占的充公，或归原主。他规定若干家为一个互相的单位，若干家共用一口井。他令诸色人等，各有制服。他开始编定刑法，铸成"刑书"，向人民公布；他把军赋增加，以充实郑国的自卫力。为着这些，尤其是为着加赋的事，他不知受了多少咒骂。有的说："他的父亲死在路上，他又要做蝎尾巴了！"子产说："苟有利于国家，生死不改！"

但子产对舆论从不肯加以任何干涉。当时都中有一所"乡校"（大约是一个养老而兼较射的地方），人民时常聚集其中议论执政。或劝子产：何不把乡校拆毁？子产说："为什么？人家早晚到那里逛逛，议论执政的长短，正是我的老师。为什么把乡校拆毁了？我听说忠爱可以减少怨恨，却没听说威吓可以防止怨恨。若用威吓，难道不能使怨声暂时停止？但民怨像大川一般，堤防虽密，一旦溃决便不知要伤害多少人，那时抢救也来不及了。不如留些少决口，给它宣泄。不如让我得听谤言，用作药石。"

子产从政一年后，人民唱道：

> 取我衣冠而褚（贮）之！取我田畴而伍之！孰杀子产？吾其与之！

到了三年，人民唱道：

> 我有子弟，子产诲之。我有田畴，子产殖之。子产而死，谁其嗣之？

子产的政令，说得出，就要做得到，若行不通，他就干脆撒手。有一回大夫丰卷为着祭祀，请求举行狩猎，子产不准。丰卷大怒，回去便征调人民。子产马上辞职，向晋国出走。幸而当时郑国最有势的罕氏子皮拥护子产，把丰卷驱逐，子产才复职。却保留着丰卷的田产，过了三年，召他回国，把田产还他。

子产对于传说的迷信，毫不迁就。前五二四年，火宿（即心宿）出现不久，接着起了一阵大风。祝官裨灶说了一堆鬼话之后，请求子产拿宝玉去禳祭，以为否则郑国将有大火。子产不听，凑巧几天之后郑都有一家失火，灾后，禆灶又请拿宝玉去禳祭，以为否则又将有大火。子产还是不听。郑人纷纷替禆灶说话，连子产的同僚也来质问，子产答道："天象远，人事近；它们是不相关涉的。怎能靠天象去预知人事？而且禆灶那里懂得天象？他胡说得多了，难道不会偶中？"次年，郑都大水，郑人纷传时门外的洧渊有二龙相斗，请求祭龙。子产不许，回道："我们争斗，碍不着龙；为什么龙争斗却碍着我们？"

上面讲的都是子产在内政上的措施。但最费他心力的却是对外的问题。在这方面他集中了全国的专才。当时冯简子最能决断大事；游吉长得秀美，举止又温文，宜于交际；公孙挥熟悉外国的情形，又善于措辞；禆谌最多谋略，但他要在野外才能想好计，回到城中便如常人一般。子产遇着外交大事，大抵先向公孙挥询问外国的情形，并令他把该说的话多多预备；然后和禆谌乘车到野外筹画；筹画所得请冯简子决断；办法决定了，便交游吉去执行。因此郑国在应付外人上，很少吃亏。

前五四一年，楚公子围（后来的灵王），领着一大班人马来郑都聘问并且娶亲，要入居城内的客馆，经子产派"行人"去劝说，才答应驻在城外。到了吉期，公子围又要率众人入城迎接新妇，郑人越疑惧。子产又派行人去说道："敝邑太窄小，容不了贵公子的从人。请在城外扫除空地，作行礼的场所罢。"公子围的代表，以面子关系为理由，坚持不允。郑人便直白说道："小国没有什么罪，惟倚靠外人才真是罪。本来要依靠大国保障的，但恐怕有人不怀好意，要计算自己。万一小国失了倚靠，诸侯不答应，要和贵国捣麻烦，那时小国也是过意不去的。"公子围知道郑国有备，只得命众人倒挂着弓袋入城。对强邻戒备，那是子产永远不会放松的。前五二四年郑都大火时，他一面派人去救火，一面派大兵登城警备。有人说："那不会得罪晋国吗？"子产答道："平常小国忘却防守就会危亡，何况当着有灾难的时候？"不久晋人果来责问，说晋君正在替郑人担忧。郑兵登城，是什么意思？子产给他解释了一番，最后说道："若不幸郑国亡了，贵国虽替担忧，也是没用的。"

前五二九年，晋君乘着楚灵王被杀，楚国内乱之后，大会诸侯于陈国的平丘，子产代表郑国赴会。将要结盟时，子产突然提出减轻郑国军赋的要求，从正午一直争到昏黑，晋人到底答应了。会后有人责备子产道："万一晋人翻起脸来，带着诸侯的兵，来讨伐郑国，那时怎办？"子产答道："晋国政出多门，尚且敷衍个不了，那里有工夫向别国讨伐。国家若不挣扎，便愈受欺凌，还成个什么国家？"

子产不独是一个实行家，而且是一个能够化经验为原理的实行家。有人问他为政的道理，他说："政治好比庄稼的工夫，日夜要筹度；起先筹度好就做到底，从早到晚苦干，可别干出了筹度的范围，如像耕田不要过界；那就很少有错失了。"

有一回子皮要派一个子弟去做邑宰。子产说："他年纪太小，不知道行不行。"子皮回答道："这人老实，我爱他，他断不会背叛我的。让他去学学，便渐渐懂得政事了。"子产说："那不行，人家爱一个人，总要使他得到好处；现在你爱一个人，却给他政事，好比叫一个还没学会拿刀的人去切东西，只有使他受伤而已。假如你有一匹美锦，你必定不让人拿来练习剪裁。要职和大邑是我们身家性命所托庇的，就可以让人拿来练习做官吗？"

前五二二年，子产死。死前，他嘱咐继任的人道：惟独非常有德的才能靠宽纵服人。其次莫如用猛力。你看火，因为它猛烈，人人望见就怕它，故此因它致死的很少。但水，因为软弱，人人都去狎玩它，故此因它致死的很多。

子产的死耗传到鲁国时，孔子含泪叹道："古之遗爱也！"他和子产却未曾会过一面。

秦的变法

张荫麟

秦的发祥地在渭水上游的秦川的东岸（今甘肃天水县境），周孝王时，嬴姓的非子因替王室养马蕃息的功劳，受封在这里，建立了一个近畿的"附庸"。宣王时，秦庄公以讨伐犬戎有功受命为西垂大夫。及平王东迁，秦襄公带兵去扈卫，平王感念他的殷勤，才把他升在诸侯之列。这时畿内的丰岐一带已沦入犬戎，平王索性更做一个不用破费的人情，把这一带地方许给了秦，假如它能将犬戎驱逐。此后秦人渐渐的东向开拓，到了穆公的时代，更加猛进。穆公是春秋的霸主之一。他曾俘获了晋惠公，拿来换取晋国的河西地方；又灭梁，灭芮，都是黄河西岸与晋邻近的小国。他又潜师远出，希图灭郑，若不是郑商人弦高把恶耗发现得早，向祖国报讯得快，秦的铁手此时也许便伸入中原了。秦的东侵是晋的大忌。秦师这次由郑旋归，晋人也顾不得文公新丧，墨缞兴兵，把他们拦路截击，杀个惨败。后来穆公虽报了此仇，他东向的出路到底给晋人用全力扼住了。他只得回过头去"霸西戎"，结果，"兼国十二，开地千里"。穆公死时（前六二一年），秦人已占有渭水流域的大部分，已奠定一个头等国的基础。但此后二百多年间，秦的内部停滞不进，而晋始终保持着霸国的地位，继续把秦人东出的路堵住。

当战国开场的前后，秦在"七雄"中算是最不雄的一国，自前四二八年以降，四十多年间，它的政治出了常轨，大权落在乱臣手中。在这时期中，它有一个君主被迫自杀，一个太子被拒不得继位，另一个君主和母后一同被弑，沉尸深渊。魏人乘秦内乱，屡相侵伐，并且夺回穆公所得到的河西地方。

穆公的霸图的追续是自献公始。他即位的次年（前三八三年）便把国都从雍（今陕西凤翔县）东迁到栎阳（今陕西临潼县东北）。他恢复君权，整饬军旅，两败魏师。但秦国更基本的改革，更长足的进展，还要等待继他位的少年新君孝公和一个来自卫国的贵族少年公孙鞅。

公孙鞅原先游仕在魏。传说魏相公叔痤病到要死时，魏君（即日后的惠王）请他举荐继任的人，他便以卫鞅对。魏君默然不语。公叔痤更嘱咐道：若不用这人，必得设法把他杀掉，勿令出境。魏君答应去后，公叔痤立即唤叫卫鞅前来，把刚才的谈话告诉了他，劝他快走。他不慌不忙答道：魏君不能听你的话用我，又怎能听你的话杀我呢？后来闻得孝公即位，不令求贤，他才挟着李悝的《法经》，走去秦国。

前三五九年（孝公三年），孝公用卫鞅计颁布第一次的变法令。这令的内容包括两方面：（一）是刑法的加严加密。人民以十家或五家为一组，若一家犯法，其他同组诸家得连同告发，知情不举的腰斩；告发本组以外奸恶的与斩敌首同赏，藏匿奸人的与降敌同罚。（二）是富强的新策。凡不做耕织的游民收为公家的奴隶，努力耕织多致粟帛的人民免除徭役；家有两男以上不分居的纳加倍的人口税，私相殴斗的分轻重惩罚；非有军功的人不得受爵；服饰、居室和私有的田土奴婢的限度，按爵级区别，因此没有军功的人虽富也不得享受。这新法施行十年后，秦国家给人足，盗贼绝踪，百姓从诅咒转而歌颂。这新法的成效更表现在卫鞅的武功，前三五二年，他亲自领兵征魏，把魏的旧都安邑也攻破了。此役后二年，卫鞅又发动第二步的改革。把国都迁到渭水边的咸阳，在那里重新筑起宏伟的城阙和宫殿；统一全国的度量衡；把全国的城邑和村落归并为三十一县，每县设县令、丞（正副县长）；把旧日封区的疆界一概铲平，让人民自由占耕未垦辟的土地，让国家对人民直接计田征税。第二步改革完成后，卫鞅于前三四〇年又领兵征魏，把魏将公子印也虏了回来。于是孝公封卫鞅于商，为商君，后人因此称他为商鞅。但他的末日也快到了。先时第一次变法令公布后，人人观望怀疑。适值太子犯法。卫鞅便拿他做一个榜样，把他的师傅公子虔黥了。后来公子虔自己犯法，又给卫鞅劓了。前三三八年孝公死，太子继位后的第一件大事便是把商鞅族诛。但商鞅的政策却继续被采用。

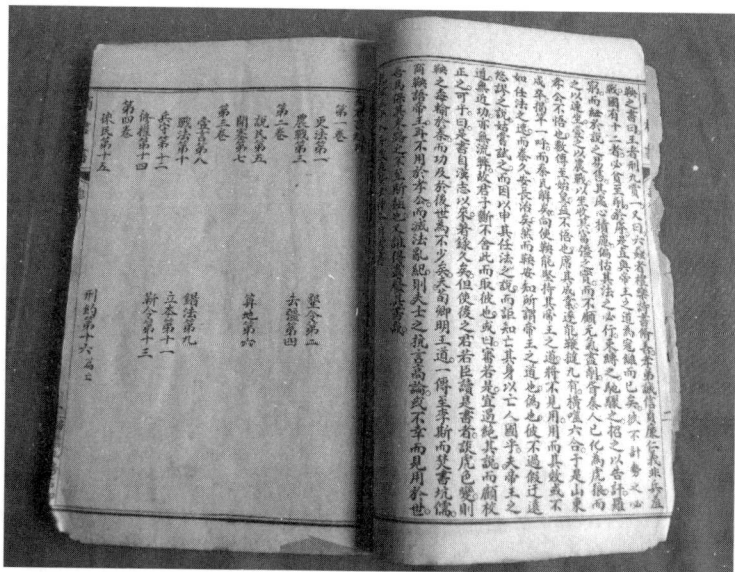

《商君书》

秦地本是戎狄之区。西周的京畿虽建在其上，文明的透入始终不深，好比一件锦衣覆着褴褛。周室东迁后，锦衣一去，便褴褛依然。直至孝公变法时，秦人还不脱戎狄之俗。例如他们还父兄子弟和姑媳妯娌同寝一室，这大约是沿着游牧时代以一个帐幕为一家的经济办法。这种陋俗经商鞅的严禁才消灭。又例如秦国道地的音乐，直至战国晚年，还是"击瓮叩缶，弹筝搏髀，而歌呼呜呜"。没有受文明的雅化，也就没有受文明的软化。在六国中秦人是最犷野矫健的。商鞅的严刑峻法给他们养成循规蹈矩的习惯，商鞅的特殊爵赏制度使得对外战争，成了他们唯一的出路。以最强悍、最有纪律的民族，用全力向外发展，秦人遂无敌于天下。

商鞅死后约莫七八十年，赵国的大儒荀卿游秦。据他所记，这时商鞅变法的成绩还历历可见。荀卿说：

（秦之）国塞险，形势便，山林川谷美，天材之利多，是形胜也。入境观其风俗：其百姓朴，其声乐不流（淫荡）汙（猥亵），其服不挑（佻），甚畏有司而顺。……及都邑官府：其百吏肃然，莫不恭俭、敦敬、忠信。……入其国（首都），观其士大夫……不比周，不朋党，偶然莫不明通而公也。……观其朝廷，其朝（早）间听决，百事不留，恬然如无治者。

荀卿的弟子韩非也说：

今……（六国）言赏则不与，言罚则不行。赏罚不信，故士民不死也。今秦出号令而行赏罚，有功无功，相事也。……是故秦战未尝不克，攻未尝不取，所当未尝不破。

信赏必罚正是商鞅的政术。荀卿又曾比较齐、魏和秦的强兵政策道：

齐人隆技击。……得一首者则赐赎锱（八两）金，无本赏矣（本赏大约是指战胜攻取之赏）。是事小，敌毳（脆），则偷可用也；事大，敌坚，则涣然离耳。……是亡国之兵也。……魏氏之武卒，以度取之（按一定标准挑选）：衣三属（层）之甲，操十二石之弩，负服矢五十个，置戈其上，冠鞮（胄）带剑，赢（背）三日之粮，日中而趋百里。中试则复其户（免除赋役），利其田宅（给以好田宅）。是数年而衰，而未可夺也（合格的武卒，几年便衰弱不可用。但其特权却不能剥夺）。……是故地虽大，其税必寡，是危国之兵也。秦人，其生民也狭厄（给人民的生路狭隘），其使民也酷烈。……怵（狃）之以庆赏，鰌（蹭）之以刑罚，使……民所以要利于上者，非斗无由也。厄（压迫）而用之，得而后功之（胜利才算功，不但计首级），功赏相长也。……故齐之技击，不可以遇魏氏之武卒；魏氏之武卒，不可以遇秦之锐士。

所说齐、魏的兵制，不知创行于何时，所说秦国的兵制正是商鞅所创的。

秦汉史总论

缪凤林

　　自秦王政二十六年至后汉献帝兴平二年（前二二一至后一九五），凡四百一十有六年，为国史第一次统一之时（中间有豪杰亡秦与楚汉纷争八年，及王莽更始十六年）。秦王政二十六年，丞相王绾，御史大夫冯劫，廷尉李斯等上皇帝尊号议曰："昔者五帝地方千里，其外侯服夷服，诸侯或朝或否，天子不能制，今陛下兴义兵，诛残贼，平定天下，海内为郡县，法令由一统，自上古以来未尝有，五帝所不及。""盖嬴政称皇帝之年，实前此二千数百年之结局，亦为后此二千数百年之起点，不可谓非吾国历史上一大关键。惟秦虽有经营统一之功，而未能尽行其规画一统之策，凡秦之政，皆待汉行之，秦人启其端，汉人竟其绪，亦有秦启之而汉未竟之者。"故今以秦汉合论焉。

　　秦汉之统一，不仅其疆域之广大，为前史所未有已也。其事可由各方面征之。

　　（一）吾国旧号，多举一家一姓之国邑封地为称，"秦""汉"虽封建旧名，然古代亚洲东方各国及希腊罗马称中国为脂那（Cina梵文）、西尼姆（Sininm希伯来文）、秦斯坦（Cynstan康居国文）、秦（Thin阿拉伯文）、秦尼（Sinae希腊文）、秦那斯坦（Zhinastan叙利亚文）、支那（China波斯文），东西学者多谓由秦国转音而来。而法显、玄奘等高僧纪行书中，皆称其本国为汉土，汉族之称，亦至今不替。盖秦汉统一中国，国威远播，故得以朝代之名，代表国家民族之称号也。

（二）七国分立时，燕、赵、魏、秦四国境邻北边，各筑长城以拒匈奴，然不相连续。秦并六国，始皇帝使蒙恬将众城河上为塞，因前人之功而加广，其中之不相属者，则为合之，起甘肃临洮，至辽东，袤延几及万里。世界仅有之万里长城，随中国之统一而完成，汉族与北方诸族，遂以长城为绝大之界域，而长城亦为吾国统一之象征焉。汉武帝遣卫青等击匈奴，取河南地，筑朔方，复缮故秦时蒙恬所为塞，因河为固。自汉以后，亦时有修缮云。

（三）始皇帝即位后，时巡游四方，所至立石颂德，盖以示天下之统一，而己为四海之共主，非秦一国之君也。而东西南北之大道，亦因之次第开辟。史称"蒙恬通道，自九原抵甘泉，堑山堙谷千八百里。""秦为驰道于天下，东穷燕齐，南极吴楚，道广五十步，三丈而树，厚筑其外，隐以金锥，树以青松。"其规模之伟大，前古所未有也。汉人继之，秦时道路所不通者，复随时兴作，如张卯之开褒斜道，唐蒙司马相如之开西南夷道，郑弘之开零陵桂阳峤道，皆著于史策。盖交通利便为国家统一之要图，亦惟国家统一，故得轻用民力，一举而辟国道数百千里也。

（四）秦汉国威澎涨，迥绝古今，皆以统一为之基，其事当让后论；兹仅就徙民略边实边一端言之。如始皇帝发诸尝逋亡人略取陆梁地，为桂林、象郡、南海，以适遣戍（徐广曰，五十万人守五岭）。西北斥逐匈奴，自榆中并河以东属之阴山，以为三十四县，城河上为塞，徙谪实之初县；汉武帝募民徙朔方十万口，上郡朔方西河河两开田官，斥塞卒，六十万人戍田之，及开河西四郡徙民以实之，发谪戍屯五原之类：皆以全国之发展与安全为目的，通盘筹画，从事徙谪，而非统一之世，亦不能厉行此种国家政策也。

（五）许慎《说文解字》序言："七国田畴异亩，车涂异轨，律令异法，衣冠异制，言语异声，文字异形。"秦始皇既一天下，法度权量丈尺车轨律历衣冠文字，皆厉行画一之制，汉因其旧而时加损益。始皇四方刻石，于琅邪则曰"器械一量，同书文字"；之罘则曰"普施明法，远迩同度"；会稽则曰"皆遵度轨"。盖儒家"车同轨书同文"之理想，随秦之统一而实现矣。而文字之统一，尤有功于后世。初李斯、赵高、胡毋敬等所作之秦文，皆称小篆，而程邈又作隶书，以趣约易，遂为数千年来中国全境及四裔小国所通用焉。

（六）战国时诸侯宫室，多以高大相尚，秦灭六国，诸侯宫室之制，悉萃于秦。《始皇本纪》载："营作朝宫渭南上林苑中，先作前殿阿房，东西五百步，南北五十丈，上可以坐万人，下可以建五丈旗，周驰为阁道，自殿下直抵南山，表南山之巅以为阙，为复道，自阿房渡渭，属之咸阳。"秦之宫殿，遂极从古未有之大观。汉代宫室，观班固《西都赋》所写未央昭阳建章诸宫，其壮丽亦不下于秦。而新莽之篡，建立宗庙，尤穷极百工之巧。是虽帝王僭窃之侈心，然非其时国家统一，物力充盛，亦不能遂其侈心也。

（七）秦汉统一，政治经济，皆趋集中，故其时都城，不特为政治之重心，亦为经济之中心。史称秦徙天下豪富于咸阳十二万户。而汉都长安之壮丽殷阗，见于班固《西都赋》者，尤超越前古。《史记·货殖列传》言："关中之地，于天下三分之一，而人众不过什三，然量其富，什居其六。"然关中巴蜀陇西诸地，不过长安之贸易区域及物品供给地；长安之发达，盖随汉之统一为绝对的集中状态，与近世欧美之大都市类也。

余如疆域之区处，官吏之分职，皆应统一之需要而规画，学者之思想，文人之辞赋，亦多与统一之国势相应，即下至帝王之陵墓，其规模亦远越前古。盖自列国转入统一，历史之中心既变，各方面史实之演化，皆足以表现时代之精神，与前世几若另一世界矣。

世言专制帝王，必首推秦皇，其事亦缘统一而起。综秦皇专制之迹，滥用民力，一也。撰定君主专有名称，如号曰皇帝，命为制，令为诏，印为玺，天子自称曰朕，臣称天子曰陛下等，二也。废除谥法，不欲以子议父，以臣议君，三也。刚戾自用，以刑杀为威，四也。以私学之语多道古以害今，饰虚言以乱实，则燔灭文章，以愚黔首，著于法令者，自秦纪医学卜筮种树之书而外，凡非博士官所职者，秘书私箧，无所不烧，方策述作，无所不禁，有敢偶语诗书者弃市，以古非今者族，吏见知不举者与同罪，令下三十日不烧，黥为城旦，五也。以诸生之或为妖言以乱黔首，则自除犯禁者四百六十余人，皆坑之咸阳，六也。至其开边征伐，则不欲己之外别有君长，信方士，求仙药，则因富贵已极，唯望不死以长享此乐，或亦专制一念之所发现也。汉祖除秦苛政，而叔孙通定朝仪，大抵

秦始皇

袭秦故，择其尊君抑臣者存之，于是秦虽亡，而秦之专制，则流毒数千年，且以时而加甚焉。

秦并天下后之政策，影响后世最大者，一曰罢封建之制，以诸侯之地分置郡县。其所设郡县，初仅三十有六，后增至四十余。虽多因各国旧制，然分据险要，形势鳌然，且广狭各得其中。史称"萧何入咸阳，收秦丞相御史律令图书，具知天下阨塞户口多少强弱之处。"是秦时丞相御史规画地域，必按地图而定，非漫漫然为因为革也。始皇死而群雄蜂起，各据地自王，至项羽主约霸天下，分王诸将，又复封建之旧。西汉之初，当国者皆无学识，猥欲参用周秦之制，以封建与郡县并治。其初异姓王者凡七国（楚王韩信，梁王彭越，淮南王黥布，燕王卢绾，赵王张耳，韩王信，长沙王吴芮）；既患其图己，

则窮除之而广封同姓，然一再传而后，小者荒淫越法，大者睽孤横逆；景武以后，始专务抑损，卒归于偏用秦法，诸侯王惟得衣食租税，不与政事，势与富室无异。惟以秦郡太大，稍复开置，增至倍余；而分郡太多，难于检察，又并为十三部，部置刺史以相司察。后汉虽有增损，而大致同于前汉。是皆仍秦之法，而稍加变通者也。二曰设官分职，三权鼎立。考秦之制，内官之要职凡三，丞相相天子助理万机，太尉掌武事，御史大夫掌副丞相，属丞督外官，领侍御史，受公卿奏事，丞相、太尉、御史大夫，是称三公，其下有奉常（掌宗庙礼仪）、郎中令（掌宫殿掖门户）、卫尉（掌宫门卫屯兵）、大仆（掌舆马）、廷尉（掌刑辟）、典客（掌诸归义蛮夷）、宗正（掌亲属）、治粟内史（掌国家财政）、少府（掌皇室财政）等九卿，分理庶务。外官之要职亦三，郡守掌治郡，尉掌佐守典武职甲卒，监掌监郡。盖内外官制同一系统，丞相与守掌民事，太尉与尉掌军事，而御史与监，则纠察此治民治军之官者也。官制绝简，而纲举目张，军民分治，监察独立，厥义尤精；汉亦因之，特名目时有变迁耳。（丞相更名相国、大司徒，太尉更名大司马，御史大夫更名大司空，奉常更名太常，郎中令更名光禄勋，廷尉尝更名大理，典客更名大行令、大鸿胪，治粟内史更名大农令、大司农，郡守更名太守）。自周之封建，进而为秦之统一封建时代之法制，遂无不革除，而分郡与设官，尤为改革之最大者。盖规画区域，治理军民，为统一国家之首图也。后世郡县多因秦之法，官制虽变化繁赜，而其原理，亦不能出于治民治军与监察官吏之外者，以汉后皆统一之治，非封建之治，故制度亦皆承秦而不承周也。

秦自始皇称帝，至二世三年而亡，凡十五年（前二二一至二○七）。书传所记，未始有亡天下若斯之亟也。

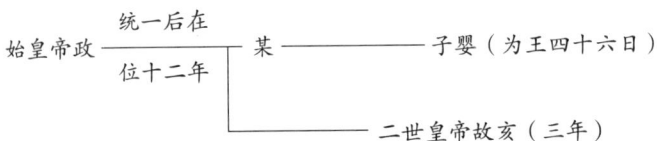

始皇帝政 ——— 统一后在位十二年 ——— 某 ——— 子婴（为王四十六日）

　　　　　　　　　　　　　　 ——— 二世皇帝故亥（三年）

　　盖秦自孝公变法以来，刻薄寡恩，始皇以诈力兼并诸侯，一切以专制为治，又益之以兴作，阿房骊山，离宫别馆，徒数十百万，二世继之，内蔽于私欲，外惑于赵高，繁刑严诛，变本加厉。元元之民，内困于赋税，外胁于威刑，力竭于土木，命尽于甲兵，乃不得不为万一徼幸之计。二世元年前二〇九，陈胜、刘邦、项梁、项籍等豪杰并起亡秦，三年而刘邦入关，子婴乞降。善乎贾生之言曰："仁义不施，而攻守之势异也。"然秦祚虽短，而古人之遗法，无不革除，后世之治术，亦大都创导，甚至专制政体之流弊，亦于始皇崩后数年尽演出之。至其卒代秦而践帝祚者，则为一泗水亭长毫无凭借之刘邦。盖战国之世，平民已代贵族而执政，草泽之徒，易生觊觎富贵之思。史称项羽少时，观秦始皇帝渡浙江，曰，彼可取而代也。刘邦繇咸阳，观秦皇帝，喟然太息曰，嗟乎！大丈夫当如此矣。而陈胜起事，亦有"王侯将相宁有种乎"之言。亦可见时人之心理矣。刘邦以匹夫起事，卒角群雄而定一尊，诚哉司马迁所谓"王迹之兴，起于闾巷，合从讨伐，轶于三代"矣。邦既起自布衣，故以收揽人才为急，而萧何、曹参等掾吏，陈平、王陵、陆贾、郦商、郦食其、夏侯婴等白徒，下及屠狗之樊哙，吹箫给丧事之周勃，贩缯之灌婴，挽车之娄敬，遂多立功以取将相。齐楚三晋旧族，虽乘时复起，自立为六国后，然皆不数年而败亡。汉所立之王，惟韩王信出于王族，余皆与汉自庶姓起；周人贵族之遗泽，无复存矣。太史公尝言"非王侯有土之女士，不可以配人主"。而汉初妃后，高祖薄姬先在魏豹宫者，生男后为文帝，尊为皇太后；武帝母王太后，先嫁为金王孙妇；武帝卫皇后本平阳公主家讴者：皆出自微贱。且多有夫者。汉武三大将，卫青、霍去病、李广利，皆出自淫贱苟合，或为奴仆，或为倡优，徒以嬖宠进，皆成大功为名将。其韦布之士，自致显荣者，如公孙弘、卜式、儿宽、司马相如、东方朔、严助、朱买臣、张骞等，尤不可胜纪。武帝以后，仕进之门，自缘外戚恩泽进拔者外，或公府辟召，或郡国荐举，或由曹掾积累而升，多循资格；而东汉之世，朝廷召用，如郑玄、荀爽等，犹有以布衣践台辅之位者。汉之用人，固与前世异矣。然三代世族之制，至汉虽荡然无存，而人情狃于故见，亦尚以世族为荣。刘邦起自沛泽，既传神母夜号，以章赤帝之符，而学者复称其承尧之祚，谓汉为尧后。王莽篡汉，亦自谓黄虞苗裔，姚妫陈田，皆其同族，即学者著述，如太史公自序，远溯重黎；扬雄自序，"其先出自有周"；《汉书》叙传，"班氏之先，与楚同姓，令尹子文之后"，亦可证世族之见之未能尽泯矣。自西汉张汤、杜周，并起文墨小吏，致位三公，子孙贵盛，韦贤及子玄成，平当及子晏，则再世为宰相，东汉则弘农杨氏（杨震），汝南袁氏（袁安），皆四世三公。累叶载德，史家称美，魏晋以降之世族，又萌芽于汉世矣。

秦汉一统四百余年，其政教学术与夫君民行事，影响于后世者，未可悉数，功罪之间，尤难定论。吾人今日可断言者，曰其时之人有功于吾国最大者，实在外拓国家之范围，内开辟壤之文化，使吾民所处炎黄以来之境域，日扩充而日平实焉。秦之外拓，史惟称其北逐匈奴，南取南越，然当时滇蜀百粤，实多赖中夏谪戍移民为之开化。如赵人卓氏迁临邛，即铁山鼓铸，运筹策，领滇蜀之民，南海尉佗居番禺，南北东西数千里，颇有中国人相辅，治之甚有文理，是其最著者也。汉承其业，竟其未竟之绪，而益猛进，国威澎涨，因亦震铄今古。兹略述之于下：

（一）东方之开拓。朝鲜自周初箕子立国，已被商周之文化；然中间交通不盛。燕秦筑塞至浿水，燕、齐、赵人往者益多。汉初燕人卫满逐箕准而自王，易箕氏朝鲜为卫氏朝鲜，吾国民力之及于朝鲜者，视周代乃大进。至武帝元封三年（前一〇八），朝鲜相参杀其王满孙右渠来降，以其地为真番、临屯、乐浪、玄菟四郡，卫氏朝鲜亡而为汉郡，汉之疆域，遂奄有今日朝鲜京畿江原二道以北之地。昭帝时，罢临屯、真番二郡，又置乐浪东部都尉，至东汉光武建武六年（三〇），始省都尉官，弃单单大岭以东之地，然乐浪、玄菟，犹内属也。以晚近出土乐浪郡汉孝文庙铜钟及秥蝉县章帝元和二年平山君祠碑证之，两汉统治朝鲜郡县，虽远在乐浪秥蝉，其奉行诏令，实与河淮郡县无异，不独《史记·货殖列传》称燕民东绾秽貉朝鲜真番之利，汉之拓东境，大有益于商业而已。《汉书·地理志》称"乐浪海中有倭人，分为百余国，以岁时来献见。"《后汉书·东夷传》称光武"建武中元二年（五七），倭奴国奉贡朝贺，光武赐以印绶，安帝永初元年（一○七），倭国王师升等献生口百六十人，愿请见。"是汉之声教，且由朝鲜而及于日本也。

（二）北方之开拓。古代北方诸部族，曰匈奴，曰乌桓，曰鲜卑。秦汉时匈奴最强，雄居北徼，与中国对峙，乌桓鲜卑皆为所屏，自高帝至武帝初，边境屡被其害。武帝乃大兴师数十万，使卫青霍去病操兵，前后十余年，驱匈奴于汉北，出塞筑朔方郡，又收河西地，置酒泉、武威、张掖、敦煌四郡，汉之西北境，轶于秦二千余里，而匈奴或降或徙，乌桓亦为汉用焉。昭宣之世，匈奴内乱，宣帝权时施宜，覆以威德，然后单于稽首臣服，遣子入侍，三世称藩，宾于汉庭，匈奴遂降为属国，受汉保护。后王莽篡位，始开边衅焉。东汉时，匈奴分为南北，南匈奴附汉人宅河南，北匈奴和帝时为窦宪所破，漠北以空，而乌桓鲜卑渐以强盛。论者多谓北族徙几中土，为汉族渐衰之端，然北族之人，实沐汉之文化，如匈奴古无文书，以言语为约束，至东汉时，单于比使人奉地图求附，是匈奴亦如华夏，有文字图籍矣。

（三）西方之开拓。秦之西界，不过临洮，西域之通，始于汉武时张骞之奉使。其后霍去病击匈奴右地，降浑邪王，乃以河西为郡县。及李广利伐大宛，则自敦煌西至盐泽，皆起亭障，轮台渠犁，皆有汉之田卒。昭宣之世，傅介子、常惠、郑吉、冯奉世辈，迭建功于西陲。汉之设官西域，亦自宣帝时命郑吉为西域都护始。天山南北葱岭以东诸国，悉属汉之都护，治乌垒城，实今新疆省之中心也。元帝时，康居骄嫚，庇护匈奴郅支单于，陈汤发兵讨伐，逾葱岭，径大宛，破康居，而郅支伏辜，县首藁街，万里振旅。及王莽篡汉，四边扰乱，西域亦遂与中国绝。明帝永平中，匈奴胁服诸国，共寇河西郡县，城门昼闭，乃命将北征匈奴，取伊吾卢地以屯田，遂通西域于阗诸国；西域自绝六十五载，乃复通焉。和帝永元初，窦宪大破匈奴，班超遂重定西域，五十余国悉纳质内属。时条支、安息诸国，至于海滨四万里外，皆重译贡献焉。安帝以后，虽罢都护，犹设西域长史，屯柳中，辖葱岭以东诸地。虽各国自有君长，实与汉地无异。清记敦煌发现汉简，除屯戍文牍外，有小学术数方技诸书；而新疆罗布淖尔（汉时名盐泽），近年除发现汉简外，复得汉代漆器织品之类甚夥。汉之文物，当时遍传西域，又可知也；又其时陕甘之地，亦未尽开化，武帝以白马氏地置武都郡，即今武都临羌等县也；宣帝时，先零羌扰河湟，赵充国以屯田之策制之；至王莽时，置西海郡，则辟地至今之青海矣。东汉之世，氐羌诸族，时服时叛，或徙其人，或置屯田，皆劳汉族之力以镇抚之而开化之焉。

（四）西南及南方之开拓。秦辟扬越，仅置南海、桂林、象郡三郡，至赵佗自立，役属骆越，其地乃及于安南。佗传国五世，武帝元鼎六年（前一一一）灭之，增置苍梧、交趾、合浦、九真、珠崖、儋耳六郡（秦置三郡，南海仍旧，桂林改郁林，象郡改日南）。其珠崖、儋耳二郡（今海南岛），至元帝初元三年（前四六）复罢之。东汉初，马援平交趾征侧之乱，随山刊道千余里，立铜柱，为汉之极界。《后汉书·马援传》称："援所过，辄为郡县，治城郭，穿渠溉灌，以利其民，条奏越律与汉律驳者十余事，与越人申明旧制，以约束之，自后骆越奉行马将军故事。"又《南蛮传》曰："凡交趾所统，虽置郡县，而言语各异，重译乃通，人如禽兽，长幼无别，后颇徙中国罪人，使杂居其间，乃稍知言语，渐见礼化。光武中兴，锡光为交趾，任延守九真，于是教其耕稼，制为冠履，初设媒娉，始知姻娶，建立学校，导之礼义。"此汉人开化两广越南之功也。其时四川云贵之地，汉初亦因秦旧，除巴蜀置郡外，其西南又有夜郎、滇、邛都、嶲、昆明、莋都、冉駹诸国，总曰西南夷。武帝使唐蒙通南夷，置犍为牂牁诸郡，又使司马相如通西夷，置越嶲益州诸郡。后汉明帝时，又以哀牢夷地置永昌郡。于是汉郡至今云南保山县澜沧江之南，而徼外之掸人（缅甸）亦归化焉。《汉书·文翁传》称："景帝末，文翁为蜀郡守，见蜀地僻陋，有蛮夷风，欲诱进之，乃选郡县小吏，遣诣京师，受业博士，或学律令，数岁，成就还归，以为右职。又修起学官于成都市中，招下县子弟，以为学官弟子。蜀人由是大化，学于京师者，比齐鲁焉。"《后汉书·西南夷传》称："章帝时，王追为益州太守，始兴起学校，渐迁其俗。""桓帝时，牂牁人尹珍自以生于荒裔，不知礼义，乃从汝南许慎应奉受经书图纬，学成，还乡里教授，于是南域始有学焉。"此四川、云南、贵州以次开化之证也。至湘、鄂、浙、闽诸省，虽已久立郡县，其文化实远逊于江淮以北，经数百年，始渐同于中土。先民劳苦经营，遂开辟今日中华民国大半之土地焉。

汉代开边，纯属国家之政策。当时斥地远境，发扬国威，虽多赖朝廷将臣之统率指挥，然亦吾民族身心之康强，远在四夷之上，又能克尽国民之义务，有以致之。《汉书·地理志》言："天水、陇西、安定、北地、上郡、西河，皆迫近戎狄，修习战备，高上气力，以射猎为先。"孝武世征伐匈奴，即以此六郡良家子为基本队伍，飚锐勇猛，兵行若雷风者也。然观名将李陵将丹阳楚人五千人，出征绝域，抑匈奴数万之师，与单于连战十有余日，所杀过当，虏救死扶伤不给，是汉人之勇武，实为普遍风尚，不仅边郡之士为然。故陈汤言外夷兵刃朴钝，胡兵五当汉兵一，今颇得汉巧，犹三当一也。汉使立功西域者，如傅介子、段会宗、常惠、甘延寿、陈汤、冯奉世，下及东汉班超、班勇父子等，或以单车使者，斩名王定属国于万里之外，或用便宜调发属国兵，以定十数国之乱，其事尤奇于近世欧人之征略东方诸国。西汉文士，如蜀人司马相如，会稽郡人严助、朱买臣等，亦皆兼有武功，至其文字，如相如之《谕巴蜀檄》《难蜀父老文》，晁错之《论守边备塞疏》《论募民徙塞下疏》，赵充国之《屯田奏》，侯应《罢边备议》，刘向《论甘延寿等疏》，及扬雄《谏不受单于朝书》，班固《封燕然山铭》等，皆代表伟大民族之作品，所谓"振大汉之天声"者也。汉人身心之康强如是；而其对国家之负担，尤至足惊人。汉制，民二十始傅为更卒，（颜师古曰，傅著也，言著名籍给公家繇役也）。给事郡县，岁一月；二十三为正卒，一岁为卫士，一岁为材官骑士，习射御、驰战阵，水处为楼船士；过此犹服繇戍，岁戍边三日，至五十六乃免（因不能人人尽行，行者亦往往以一岁为期，以一人兼代百数十人之役，诸不行者，出钱三百入官，由官给代戍者）。此汉人所服之常备兵役也。于时材官骑士，悉为丁壮，戍卒则或属中年。其因事出非常，如实边屯田穿渠作城之类，或下令征募，或以谪遣戍，员额多寡，一视实际需要，众者至数十万，且皆不在常限焉。至言纳税，则自田租十五税一，文景后三十税一外，民年七岁至十四，出口赋钱，人二十，武帝时又加三钱，以补车骑马；年十五以上，至五十六，则出算赋，人各一算，凡百二十钱，为治库兵车马。以汉时米中价石五十钱，合今量约二斗计之，二十三钱，约可购食米今量一斗，百二十钱可购五斗有奇，是不啻人纳今法币数十元至数百元矣。又有訾算，人訾万钱，收算百二十七，贫民亦以衣履釜鬵为訾而算之。此汉人所纳之直接税也。余如往来繇戍者，道中衣装饮食，悉由戍者自备。武帝世，师旅大兴，国用不足，复"榷酒酤，筦盐铁，算至车船，租及六畜"焉。汉代人民对于国家之义务，可谓迥绝古今；四境之拓，实由人民倾无量之血肉资财而来。帝王之厚敛繁役，虽非当时国民所愿，然苟视为国家政策，事固未可厚非，今当日所辟，与吾先民积世经营之国土，多为暴敌所侵占，如何竭尽国民之义务，以光复失土，以继汉人之伟业，则吾炎黄子孙所当常念也。

汉初的学术与政治

张荫麟

第一节　道家学说的全盛及其影响

汉初在武帝前的六七十年是道家思想的全盛时代，帝国的政治和经济都受它深刻的影响。

为什么道家会在这时有这么大的势力呢？

道家学说的开始广布是在战国末年。接着从秦始皇到汉高祖的一个时期的历史恰好是道家学说最好的注脚，好像是特为马上证实道家的教训而设的。老子说："法令滋章，盗贼多有。"秦朝就是法令滋章而结果盗贼多有。老子说："民不畏死，奈何以死惧之？"秦朝就是以死惧民而弄到民不畏死。老子说："飘风不终朝，骤雨不终日。"秦始皇和楚项羽就都以飘风骤雨的武功震撼一世，而他们所造成的势力都不终朝日。老子说："为者败之，执者失之。"秦始皇就是最"有为"的，而转眼间秦朝败亡；项羽就是一个"战胜而不予人功，得地而不予人利"的坚执者，终于连头颅也失掉。老子说："柔弱胜刚强。"刘邦就是以柔弱胜项羽的至刚至强。老子说"自胜者强"，刘邦的强处就在能"自胜"。他本来是一个"酒色财气"的人，但入了咸阳之后，因群臣的劝谏，竟能"财帛无所取，妇女无所幸"，并且对项羽低首下心。老子说："将欲歙之，必固张之；将欲弱之，必固强之；将欲夺之，必固与之。"刘邦所以成帝业的阴谋，大抵类此。他始则装聋作聩，听项羽为所欲为；继则侧击旁敲，力避和他正面冲突；终于一举把他歼灭。他始则弃关中给项羽的部将，并且于入汉中后，烧毁栈道，示无还心；继则弃关东给韩信、英布，以树项羽的死敌；而终于席卷天下。像这样的例，这里还不能尽举。道家的学说在战国末年既已流行，始皇的焚书，并不能把简短精警的五千言从学人的记忆中毁去。他们当战事平息、痛定思痛之际，把这五千言细加回味，怎能不警觉它是一部天发的神谶。况且当时朝野上下都是锋镝余生，劳极思息；道家"清静无为"的政策正是合口的味，而且是对症的药。我们若注意，当第一次欧洲大战后，于道家学说素无历史因缘而且只能从译本中得到朦胧认识的德国青年，尚且会对老子发生狂热的崇拜，一时《道德经》的译本有十余种（连解释的书共有四五十种）之多；便知汉初黄老思想之成为支配的势力是事有必至的了。

第一个黄老思想之有力的提倡者，是高祖的功臣曹参。他做齐国的丞相时，听得胶西有一位盖公，精通黄老学说，就用厚币请了来，把自己的正房让给他住，常去请教；果然任职九年，人民安集，时称贤相。后来汉丞相萧何死了，曹参被调去继任。他一切遵照旧规，把好出风头的属员都免了职，换用了朴讷的人。他自己天天饮酒，无所事事。有人想劝他做点事，他等那人来时就请他喝酒，那人正想说话时，便敬上一杯，直灌到醉了，那人终没有说话的机会。丞相府的后园，靠近府吏的宿舍，他们常常饮酒，呼叫和歌唱的声

西汉开国功臣曹参

音闹得人不得安静。府吏讨厌了，请丞相去游园，让他听听那种声音，好加以制止；那知他反在园中摆起酒来，一样的呼叫和歌唱，竟同隔墙的吏人们相应答。继曹参的汉相是另一个高帝的功臣陈平。他虽然不像曹参一般装懒，也是一个黄老信徒。第二个黄老思想之有力的提倡者是文帝的皇后窦氏。她自己爱好《老子》不用说，并且令太子和外家的子弟都得读这书。有一次她向一位儒生问及这书，那儒生不识好歹，批评了一句，她便大怒，罚他到兽圈里打野猪，幸亏景帝暗地给他一把特别快的刀，他才不致丧命。她在朝廷中，供养了一位精通黄老学说的处士王生。有一次公卿大会，王生也在场，袜带解了，回头瞧着廷尉（最高执法官）张释之道："给我结袜！"释之跪着给他结了。后来王生解释道："吾老且贱，自度终无益于张廷尉；廷尉方（为）天下名臣，吾故聊使结袜，欲以重之。"（事在景帝时）一位黄老大师的青睐，能增重公卿的声价，则当时道家地位可想而知了。

文帝对于黄老学说的热心，虽不及他的皇后；但他一生行事，确是守着道家的"三宝"——"一曰慈，二曰俭，三曰不为天下先"。他慈，他废除"收孥相坐"（罪及家属）的律令；废除"诽谤妖言之罪"；废除"肉刑"（残毁人体的刑）；废除"秘祝"（掌移过于臣下的巫祝）。他首颁养老令，每月以米和酒肉赐给八十岁以上的人；他甚至把人民的田赋完全免掉（后景帝时恢复）。他俭，他身穿厚缯，有时著草鞋上殿；他最宠爱的慎夫人衣不拖地，帷帐无文绣。有次他想造一座露台，匠人估价需百金，他便道这是中人十家之产，停止不造。他不肯为天下先，所以一任北边的烽火直逼到甘泉；所以酿成淮南王长、济北王兴居的叛变；所以养成吴王濞的跋扈，为日后七国之乱的张本。他的一朝，只有消极的改革，没有积极的兴建；只有保守，没有进取；只有对人民增加放任，没有增加干涉。不独他的一朝，整个汉初的六七十年也大抵如此。

但汉初，尤其是文帝时代，黄老思想之最重要的影响，还在经济方面。自从春秋以来，交通日渐进步，商业日渐发达，贸迁的范围日渐扩张，资本的聚集日渐雄厚，"素封之家"（素封者，谓无封君之名，而有封君之富）日渐增多，商人阶级在社会日占势力。战国时一部分的儒家（如荀子）和法家（如商鞅、韩非）对这新兴的阶级，都主张加以严厉的制裁；儒家从道德的观点，痛恶他们居奇垄断，括削农民；法家从政治的观点，痛恶他们不战不耕，减损国力。商鞅治秦，按照军功限制人民私有田土奴婢的数量和服饰居室的享用。这是对于商人的一大打击。但他这政策后来被持续到什么程度，还是问题。始皇曾给一个擅利丹穴的富孀筑女怀清台，又使牲畜大王乌氏倮岁时奉朝请，同于封君；他和大资本家是讲过交道的。但至少在灭六国后，他对于一般商人是采用法家的方略，他在琅琊刻石中的自豪语之一是"上农除末"。在兵役法上，他使商人和犯罪的官吏同被尽先征发。秦汉之际的大乱，对于资本家，与其说是摧残，毋宁说是解放；因为富人逃生，照例比贫民容易；而勾结将吏，趁火打劫，尤其是乱世资本家的惯技，这是最值得注意的事。高帝登极后第三年（前一九九年）便下令"贾人毋得衣锦绣绮縠絺纻罽，操兵，乘（车），骑马"（高帝又尝规定商人纳加倍的"算"赋，商人及其子孙不得为官吏，史不详在何年，当去此令不久或与同时）。假如大乱之后，富商大贾所余不多，则这样的诏令根本没有意义，决不会出现的。此时此令，表示连纯驷马车也坐不起的新兴统治阶级，对于在革命历程中屹立如山的"素封之家"，不免羡极生妒了。高帝此令在商人中间必然惹起很大的忿激。所以过后两年代相陈豨作反，手下的将帅全是商人。但高帝死后不几年，道家放任主义的潮流便把他的抑商政策压倒。关于商人服用之种种屈辱的限制给惠帝撤销了。"市井子孙，不得仕宦为吏"的禁令，虽在文景之世犹存，恐亦渐渐的有名无实。在武帝即位之初，十三岁为侍中，后来给武帝主持新经济政策的桑弘羊便是洛阳贾人子。道家放任主义，在经济上之重要的实施莫如文帝五年的取消"盗铸钱令"（此禁令至景帝中元六年始恢复）。于是富商大贾，人人可以自开"造币厂"，利用奴隶和贱值的佣工，入山采铜，无限制的把资本扩大。结果造成金融界的大混乱，通货膨胀，物价飞腾，人民和政府均受其害。

汉朝统一中国后，一方面废除旧日关口和桥梁的通过税，一方面开放山泽，听人民垦殖；这给工商业以一个空前的发展机会。而自战国晚期至西汉上半期是牛耕逐渐推行的时代。农村中给牛替代了的剩余人口，总有一部分向都市宣泄；这又是工商业发展之一种新的原动力。此诸因缘，加以政府的放任，使汉初六七十年间的工商业达到一个阶段，为此后直至"海通"以前我国工商业在质的方面大致没有超出过的。这时期工商界的状况，司马迁在《史记·货殖列传》里有很好的描写，据他的估计，是时通都大邑至少有三十几种企业，各在一定的规模内，可以使企业家每年的收入比得上食邑千户的封君（每户年收二百钱），计：

> 酤一岁千酿，醯酱千瓨，浆千甗，屠牛羊彘千皮，贩谷粜千钟，薪薹千车，船长千丈（诸船积长千丈），木千章，竹竿万个，其轺车百乘，牛车千辆，木器髤者千枚，铜器千钧，素木铁器若卮茜千石，马蹄躈千，牛千足，羊彘千双，僮手指千，筋角丹沙千斤，其帛絮细布千钧，文采千匹，榻布皮革千石，漆千斗，糵曲盐豉千荅。鲐鮆千斤，鲰千石，鲍千钧，枣栗千石者三之，狐貂裘千皮，羔羊裘千石，旃席千具，佗果菜千钟，子贷金钱千贯。

富商往往同时是大地主，"专川泽之利，管山林之饶"，或抽岁收千分之五的田租。他们的生活，据晁错所说，是"衣必文采，食必粱肉。……因其富厚，交通王侯；力过吏势，以利相倾；千里游遨，冠盖相望，乘坚策肥，履丝曳缟"。据贾谊说，"白縠之表，薄纨之里"的黼绣，古时天子所服，"今富人大贾，嘉会召客者，以被墙"。

这时期先后产生了两项制度，无形中使富人成了一种特权阶级。一是买爵赎罪制，始于惠帝时；其制，人民出若干代价（初定钱六万，后有增减），买爵若干级，使得免死刑。于是有了钱的人，简直杀人不用偿命。二是"买复"制，始于文帝时；其制，人民纳粟若干（初定四千石），买爵若干级，便免终身的徭役。汉民的徭役有三种（应役的年限，有些时是从二十三岁到五十六岁，有些时从二十岁起）：一是充"更卒"，就是到本郡或本县或诸侯王府里服役，为期每年一月；但人民可以每次出钱三百替代，谓之"过更"。其次是充"正卒"，即服兵役。为期两年，第一年在京师或诸侯王府充卫士；第二年在郡国充材官，骑士（在庐江、浔阳、会稽等处则充楼船兵），在这期内习射御骑驰战阵。其次是戍边，每丁为期一年。除了在北方，边郡的人民不得"买复"外；在其他的地方，上说三种徭役，富人都可以免掉。

当时的儒者，本着儒家思想，对于骄奢的商贾自然主张制裁的。贾谊便是一例。他说，商贾剥蚀农民的结果，"饥塞切于民之肌肤。……国已屈矣，盗贼直须时耳！然而献计者曰，毋动为大耳！夫俗至大不敬也，至无等也，至冒上也，进计者犹曰，毋为！可为长太息者（此其）一也"。这里泄露一个重要的消息，当时得势的黄老派学者无形中竟成了商贾阶级的辩护士（司马迁推崇道家，而亦主张对商人放任。故曰："善者因之，其次利导之，其次教诲之，其次整齐之，最下者与之争。"可为旁证）。这却不是因为他们拜金，或受了商人的津贴。道家要一切听任自然，富贾大商的兴起，并非由于任何预定的计划，也可以说是一种自然的现象，道家自然不主张干涉了。他们从没有梦想到人类可以控制自然而得到幸福。"清静无为"之教结果成了大腹贾的护身符！这诚非以少私寡欲为教的"老聃"所能梦想得到。但事实确是如此滑稽。

但到了黄老学说成为大腹贾的护身符时，黄老的势力就快到末日了。

第二节　儒家的正统地位之确立

儒家在汉朝成立之初，本已开始崭露头角。高帝的"从龙之彦"，固然多数像他自己一般是市井的无赖，但其中也颇有些知识分子。单讲儒者，就有曾著《新语》十一篇，时常强聒地给高帝讲说《诗》《书》的陆贾；有曾为秦博士，率领弟子百余人降汉的叔孙通；而高帝的少弟刘交（被封为楚王），乃是荀卿的再传弟子，《诗》学的名家。高帝即位后，叔孙通奉命和他的弟子，并招鲁国儒生三十多人，共同制作朝仪。先时，群臣都不懂什么君臣的礼节，他们在殿上会饮，往往争论功劳；醉了，就大叫起来，拔剑砍柱。朝仪既定，适值新年，长乐宫也正落成，群臣都到那边朝贺。天刚亮，他们按着等级，一班班的被谒者引进殿门，那时期廷中早已排列了车骑，陈设了兵器，升了旗帜。殿上传一声"趋"，殿下的郎中们数百人就夹侍在阶陛的两旁；功臣、列侯、诸将军、军吏都向东站立；文官丞相以下都向西站立。于是皇帝坐了辇车出房，百官传呼警卫；从诸侯王以下，直到六百石的吏员依了次序奉贺，他们没一个不肃敬震恐的。到行礼完毕，又在殿上置酒，他们都低着头饮酒，没有一个敢喧哗失礼的。斟酒到第九次，谒者高唱"罢酒"，他们都肃静地退出。高帝叹道："我到今天才知道皇帝的尊贵呢！"于是拜叔孙通为太常（掌宗庙礼仪，诸博士即在其属下，故亦名太常博士），赐金五百斤。他们的助手各有酬庸，不在话下。高帝本来轻蔑儒者，初起兵时，有人戴了儒冠来见，总要把解下来，撒一泡尿在里边。但经过这回教训，他对于儒者不能不另眼相看了。后来他行经鲁国境，竟以太牢祀孔子。

高帝死后，儒家在朝中一点势力的萌芽，虽然给道家压倒，但在文、景两朝，儒家做博士的也颇不少；儒家典籍置博士可考者有《诗》《春秋》《论语》《孟子》《尔雅》等。而诸侯王中如楚元王交、河间献王德皆提倡儒术，和朝廷之尊崇黄老，相映成趣。元王好《诗》，令诸子皆读《诗》；并拜旧同学申公等三位名儒为中大夫。献王兴修礼乐，征集儒籍，立《毛氏诗》《左氏春秋》博士；言行谨守儒规。山东的儒者多跟随着他。

武帝为太子时的少傅就是申公的弟子王臧，武帝受儒家的熏陶是有素的。他初即位时，辅政的丞相窦婴（窦太皇太后的侄子）和太尉田蚡（武帝的母舅），皆好儒术；他们乃推荐王臧为郎中令——掌宿宫殿门户的近臣，又推荐了王臧的同学赵绾为御史大夫。在这班儒家信徒的怂恿之下，武帝于即位的次年（建元元年）诏丞相、御史大夫、列侯、诸侯王相等荐举"贤良方正直言极谏之士"来朝廷应试。这次征举的意思无疑地是要网罗儒家的人才。颍川大儒董仲舒在这次廷试中上了著名的"天人三策"。在策尾，他总结道：

> 《春秋》大一统者，天地之常经，古今之通谊也。今师异道，人异论，百家殊方，指意不同，是以上无以持一统；法制数变，下不知所守。臣愚以为诸不在六艺之科、孔子之术者，皆绝其道，勿使并进。邪辟之说灭息，然后统纪可一，而法度可明，民知所从矣。

同时丞相卫绾也奏道：

> 所举贤良或治申、商、韩非、苏秦、张仪之言，乱国政，请皆罢。

这奏给武帝批准了。卫绾不敢指斥黄老，因为窦太皇太后的势力仍在，但仲舒所谓"诸不在六艺之科、孔子之术者"，则把黄老也包括在内了。当文景时代，太常博士有七十多人，治《五经》及"诸子百家"的均有。经董、卫的建议，武帝后来把不是治儒家五经的博士，一概罢黜了，这是建元五年（前一三六年）的事。

武帝又听王臧、赵绾的话，把申公用"安车蒲轮"招请了来，准备做一番制礼作乐的大事业，和举行一些当时儒者所鼓吹的盛大的宗教仪式。

黄帝像　　　　　　　　　　　　老子像

儒家的张皇生事已够使窦老太太生气的了。更兼田蚡等，把窦氏宗室中无行的人，除了贵族的名籍，又勒令住在长安的列侯各归本国——住在长安的列侯大部分是外戚，且娶公主，不是窦老太太的女婿，便是她的孙婿，都向她诉怨。建元二年，赵绾又请武帝此后不要向窦太皇太后奏事。她忍无可忍，便找寻了赵绾、王臧的一些过失，迫得武帝把他们下狱，结果他们自杀。同时窦婴、田蚡也被免职，申公也被送回老家去了。但过了四年，窦老太太寿终内寝，田蚡起为丞相。儒家终底抬头而且从此稳坐了我国思想史中正统的宝座。

儒家之成为正统也是事有必至的。要巩固大帝国的统治权非统一思想不可，董仲舒已说得非常透彻。但拿什么做统一的标准呢？先秦的显学不外儒、墨、道、法。墨家太质朴，太刻苦了，和当时以养尊处优为天赋权利的统治阶级根本不协。法家原是秦自孝公以来国策的基础，秦始皇更把它的方术推行到"毫发无遗憾"。正唯如此，秦朝昙花般的寿命和秦民刻骨的怨苦，使法家此后永负恶名。贾谊在《过秦论》里，以"繁刑严诛，吏治刻深"为秦的一大罪状。这充分的代表了汉初的舆论。墨、法既然都没有被抬举的可能，剩下的只有儒、道了。道家虽曾煊赫一时，但那只是大骚乱后的反动。它在大众（尤其是从下层社会起来的统治阶级）的意识里是没有基础的，儒家却有之。大部分传统信仰，像尊天敬鬼的宗教和孝弟忠节的道德，虽经春秋战国的变局，并没有根本动摇，仍为大众的良心所倚托。道家对于这些信仰，非要推翻，便存轻视；但儒家对之，非积极拥护，便消极包容。和大众的意识相冰炭的思想系统是断难久据要津的。况且道家放任无为的政策，对于大帝国组织的巩固是无益而有损的。这种政策经文帝一朝的实验，流弊已不可掩。无论如何，在外族窥边，豪强乱法，而国力既充，百废待举的局面之下，"清静无为"的教训自然失却号召力。代道家而兴的自非儒家莫属。

第三节　儒家思想在武帝朝的影响

武帝虽然推崇儒家，却不是一个儒家的忠实信徒。他所最得力的人物，不是矩范一代的真儒董仲舒（仲舒应举后，即出为江都相，终身不在朝廷），也不是"曲学阿世"的伪儒公孙弘（虽然弘位至丞相）；而是"以峻文决理著""以鹰隼击杀显"的酷吏义纵、王温舒……之徒，是商人出身的搜括能手桑弘羊、孔仅等。在庙谟国计的大节上，他受儒家的影响甚小，儒家说，"远人不服，则修文德以来之"；他却倾全国的力量去开边，他对匈奴的积极政策，董仲舒是曾婉谏过的。儒家说，"国不以利为利，以义为利"，他的朝廷却"言利事析秋毫"。他的均输、平准和盐铁政策正是董仲舒所谓"与民争利业"，违反"天理"的。

不过除了形式上表章六艺、罢黜百家外，武帝也着实做了几件使当时儒者喝彩的事。

（一）是"受命"改制的实现。邹衍的"五德终始"说自战国末年以来已成了普遍的信仰，在汉初，这一派思想已完全给儒家吸收了过来，成了儒家的产业。秦朝倒了，新兴的汉朝应当属于什么德呢？当初高帝入关，见秦有青、黄、赤、白帝四个神祇的祠，却没有黑帝，便以黑帝自居。在五行中说黑是和水相配的，高帝遂以为汉朝继承了秦的水德，正朔服色等和"德"有关的制度，一仍旧贯。这倒是百忙中省事的办法。贾谊却以为汉革秦命，应当属于克水的土德，提议改正朔，易服色，并于礼乐、政制、官名有一番兴革，亲自草具方案。在当时的儒者看来，这种改革是新朝接受天命的表示，不可缺的大典。贾谊把草具的方案奏上文帝，但在道家"无为"主义的势力之下，未得施行。这方案的内容现在只知道"色尚黄，数用五"，这两点都给武帝采用了。为着"改正朔"，武帝又征集民间治历者凡十八派，二十余人，互相考较，终于采用浑天家（浑天家是想像天浑圆如鸡子，地是鸡子中黄，天空半覆地上，半绕地下的）落下闳等的测算，制定"太初历"。这历法的内容，详在《汉书·律历志》。这里单表它的两个要点。以前沿用的秦历以一年的长度为$365\frac{1}{4}$日，现在以一年的长度$365\frac{385}{1569}$日，较精密得多。秦历"建亥"，现在改用"建寅"。这句话得加解释，古人以冬至所在月为子，次月为丑，余类推；建寅就是以寅月（冬至后第二个月）为岁首，余类推。相传夏历建寅，殷历建丑，周历建子。孔子主张"行夏之时"。太初历建寅（后来直至民国前相沿不改）就是实行孔子的话。

（二）是商人的裁抑。除了特别增加商人的捐税外（详前章），武帝又规定商人不得"名田"（即置田为产业）。"告缗令"（详前章）施行后，据说中产以上的商人大抵破家。

董仲舒曾对武帝建议裁抑富豪和救济农民的办法，他说道：

> 秦……用商鞅之法，改帝王之制，除井田，民得卖买（田）。富者田连阡陌，贫者无立锥之地。又专川泽之利，管山林之饶。荒

淫越制，逾侈以相高。邑有人君之专，里有公侯之富。小民安得不困？又加月为更卒，已，复为正（卒）一岁，屯戍一岁。力役三十倍于古，田租口赋盐铁之利二十倍于古。或耕豪民之田，见税什伍。故贫民常衣牛马之衣，而食犬彘之食。重以贪暴之吏，刑戮妄加。民愁无聊，亡逃山林，转为盗贼。赭衣半道，断狱岁以千万数。汉兴，循而未改。古井田法虽难猝行，宜少近古，限民名田（谓限制人民私有田地的数量），以赡不足，塞并兼（资产集中在少数富豪手中，当时叫做"并兼"或兼并）之路。盐铁皆归于民。去奴婢，除专杀之威（废除奴婢制度），薄赋敛，省徭役，以宽民力，然后可善治也。

这是第一次学者为农民向政府请命；这是封建制度消灭后农民生活的血史第一次被人用血写出。这血史并没有引起好大喜功的武帝多大的同情。但他禁商人名田的法令，似乎是受董仲舒"限民名田"的建议的影响。

（三）是教育的推广。在西周及春秋时代，王室和列国已有类似学校的机关，但只收贵族子弟。孟子"设为庠序"以教平民的理想，至武帝方始实现。先时秦朝以来的太常博士，本各领有弟子；但博士弟子的选择和任用，还没有定制，而他们各就博士家受业，也没有共同的校舍。建元元年，董仲舒对策，献议："立大学以教于国，设庠序以化于邑。"后来武帝便于长安城外给博士弟子建筑校舍，名叫"太学"，规定博士弟子名额五十，由"太常择民年十八以上、仪状端正者"充当。这些正式弟子之外，又增设跟博士"受业如弟子"的旁听生（无定额），由郡国县官择"好文学，敬长上，肃政教，顺乡里，出入不悖"的少年充当。正式弟子和旁听生均每年考试一次，合格的按等第任用。于太常外，武帝又令天下郡国皆立学校。但这诏令实行到什么程度现在无从得知。先是，景帝末，蜀郡太守文翁在成都市中设立学校，招各县子弟入学；学生免除徭役，卒业的按成绩差使；平常治事，每选高材生在旁听遣，出行则带着他们，让传达教令。县邑人民见了这些学生都钦羡不置，争着送子弟入学。这是我国地方公立学校的创始。

曹操是怎样强起来的

吕思勉

董卓劫迁献帝之后，东方州郡既无人能跟踪剿讨，自然要乘机各据地盘了。当时的南方还未甚发达，在政治上的关系也比较浅。北方，洛阳残破了。从函谷关以西，则还在董卓手里。所以龙争虎斗，以幽、并、青、冀、兖、豫、徐七州和荆、扬两州的北部为最利害。这就是现在的山东、山西、河南、河北四省，及江苏、安徽、江西、湖北四省中江、汉、淮三条大水沿岸的地方。

当灵帝末年，做幽州牧的是刘虞。他是汉朝的宗室。立心颇为仁厚，居官甚有贤名，颇得百姓爱戴。然实无甚才略。幽州有个军官唤做公孙瓒，性情桀骜，而手下的兵颇强，自然不免有些野心。不过当政治上秩序未大坏时，还不敢公然反抗罢了。到董卓行废立之后，情形又有不同。献帝既系董卓所立，在专制时代的皇位继承法上，自不能算做正当。讨伐董卓的人，自然有不承认献帝的可能。于是袁绍和冀州牧韩馥联合，要推刘虞做皇帝。刘虞是没有实力的人，假使承认了，岂非自居叛逆，甘做他人的傀儡，所以坚决不受。反派人到长安去，朝见献帝。献帝正为董卓所困，想要脱身而无法。见刘虞的使者来，大喜。此时刘虞的儿子刘和，还在长安做官。献帝就叫他回见父亲，密传诏旨：令刘虞派兵来迎。刘和不敢走函谷关大路，打从现在商县东面的武关出去。这时候袁术因惧怕董卓，带兵驻扎在南阳。恰好孙坚自长沙带兵而北，把南阳太守杀掉，袁术就趁此机会，把南阳占据起来。迎接皇帝，是一件大有功劳，而且存心要想专权，也是一件大有希望的事。有此机会，袁术如何肯让刘虞独占。刘和经过其境，袁术便把他留下，派人去告诉刘虞，叫他派兵来和自己的兵会同西上。刘虞果然派了几千个马兵来，就叫刘和统带。这事倘使成功，刘虞的名望地位岂不更要增高，公孙瓒要把他推翻就难了。所以公孙瓒力劝刘虞不可派兵。刘虞不听。公孙瓒便串通袁术把刘和拘留起来，而把刘虞所派的兵夺去。这是董卓劫迁献帝以后，关于帝位问题，当时几个有兵权和地盘的人勾心斗角的一幕。因其事情没有闹大，读史的人都不甚注意，把它淡淡地读过了。其实此项阴谋，和当时东方兵争序幕的开启，是很有关系的。

公孙瓒串通袁术，把刘和拘留起来，刘虞派去的兵夺掉，既阻止刘虞迎驾的成功，又可和袁术相连结，他的阴谋似乎很操胜算了。于是志得意满，以讨伐董卓为名，带兵侵入冀州，要想夺韩馥的地盘。韩馥如何能抵敌？

谁知螳螂捕蝉，黄雀又随其后。鹬蚌相持，渔翁得利，反替袁绍造成了一个机会。此时袁绍正因董卓西迁，还军河北，便乘机派人去游说韩馥。韩馥乃弃官而去，把冀州让给袁绍。袁绍的高、曾、祖、父都是做汉朝的宰相的（所谓"四世三公，"后汉是以司马、司徒、司空算相职的），归心于他的人很多。其才能，比之韩馥，自然也要高出几倍。公孙瓒要占据地盘不得，反而赶去了无用的邻居，换了一个强敌来。世界上的事情，正是变化多端，不由得人打如意算盘了。

袁绍和公孙瓒地势逼近，自然是要想互相吞并，不会合式的。袁术和公孙瓒连结，对于北方也有一种野心。平空跳出一个袁绍来，这种野心不免要受一个打击。自然要和袁绍不对，顾不到什么弟兄不弟兄了。

曹操和袁绍是讨卓时的友军。当群雄初起之时，各人都怕兵力不够，总想多拉帮手。不是利害真相冲突之时，总要戴着假面具，互相利用。这是当时曹操、刘备、吕布等所以内虽不和而当人家穷困来投奔时，总要假意敷衍，不肯遽行决裂的原因。袁、曹初时的互相提携，理由亦不外此。此时究州北境，适有乱事，本来的地方官不能平定。曹操带兵去把他打平了。袁绍就表荐他做东郡太守（治东武阳，在今山东朝城县西。编者注：即今山东省莘县）。此事在汉献帝的二年。明年，青州黄巾攻入兖州。兖州刺史刘岱为其所杀。济北（济北国，在今山东长清县南）相鲍信是最赏识曹操的，就劝刘岱手下的人共迎曹操为兖州牧。此时黄巾声势浩大，曹操和鲍信进兵讨伐，鲍信力战而死。曹操到底把黄巾打破。黄巾投降的共有三十多万人。曹操把他精锐的留下，编成军队，称为青州兵。这些都是百战的悍贼。于是曹操不但得兖州为地盘，手下的军队也比较精强了。

南阳在后汉时，也是荆州的属地。这时候的荆州刺史是刘表，已从今湖南境内迁徙到湖北的襄阳，和中原之地接近了，和南阳势尤相逼。孙坚也是个没有地盘的人，屯扎在河南鲁山县境内。袁术就表荐他做豫州刺史，和他互相联结，要想夺刘表的地盘。这样一来，袁绍就要和刘表联结。而徐州和兖州是相接境的。徐州可以吞并兖州，兖州也可以吞并徐州。徐州牧陶谦，照《三国演义》上着来，是一位好好先生，这个不是真相。他虽无才能，而亦颇有野心。青州刺史田楷，则本系公孙瓒的人。

当时的斗争，遂成为冀州的袁绍、兖州的曹操、荆州的刘表站在一条线上，幽州有实权的公孙瓒、寄居荆州境内的袁术和豫州的孙坚、徐州的陶谦站在一条线上的形势。刘备是以讨黄巾起兵的，后来跟随公孙瓒。公孙瓒荐他做平原（今山东平原县）相。平原属于青州，常做田楷的帮手，所以也在公孙瓒、袁术战线之内。

两个集团开始斗争，袁术和公孙瓒一方面是失败了。公孙瓒进兵攻袁绍，既为所败（即《三国演义》所谓袁绍磐河战公孙。据《演义》上看，似乎两军无大胜败，实在是公孙瓒败的）。袁术使孙坚攻刘表，虽然战胜，围困襄阳，然孙坚的用兵太觉轻率，因单马独出，被刘表的军士射杀了。刘表就进兵截断袁术的粮道。此事在汉献帝的四年。前一年，公孙瓒已经发动刘备和陶谦，进兵山东西北境，以逼袁绍。给袁绍、曹操联合打败。至此，袁术又自己带

兵到现在豫东的陈留，又给曹
操打败了。袁术逃到九江。汉
朝的九江郡，在现在安徽的寿
县，也就是扬州刺史的治所。
袁术逃到九江之后，将扬州刺
史杀掉，把其地占据起来。寿
春虽然是东南重要的都会，其
势离北方已经远一步了。陶谦
却在此时发动大兵以攻曹操，
和下邳（在今江苏邳县境内）地
方自称天子的阙宣联合，攻取
了山东的泰安、费县。进逼济宁。

东汉末年权臣董卓

这一年秋天，曹操进攻陶谦，连破了十几座城池。明年夏又继续进攻，
直打到徐州东境。曹操的攻陶谦，《后汉书》和《三国志》都说他是要报父
仇。这句话是不确的。

曹操的父亲名曹嵩，是沛国谯县人。汉朝的谯县就是现在安徽的亳县。
他被杀的情形：《三国志·魏武帝本纪》说："董卓之乱，避难琅邪，为陶
谦所害。"《后汉书·陶谦传》则说他避难琅邪，陶谦的别将（部将离开主
将，自带一支兵驻扎在外面的，谓之别将）有守阴平的，士卒贪他的财宝把他袭
杀。这两说须互相补充，才觉得完全。曹嵩避难的琅邪，该是现在山东诸城
县东南的琅邪山（后汉有琅邪郡，在今山东临沂县北）。董卓之乱，亳县并没有
受影响。曹嵩所以要避难，乃因曹操起兵以讨董卓之故。这是避人耳目，并
非逃避兵灾，所以要躲在山里。汉朝的阴平县，在现今江苏沭阳县西北，其
地离琅邪山颇近，所以守阴平的兵会把曹嵩杀掉。《后汉书》没说出曹嵩避
难的原因。《三国志》则没有说明杀害曹嵩的主名。所以我说：二说要互
相补充，才觉得完全。至于《三国演义》之说，则出于《三国志》注引《世

语》，《世语》说曹嵩的被害，在泰山、华县之间。汉朝的泰山郡，就是现在山东的泰安县，华县就是费县，大约因陶谦曾夺取其地，所以有此传讹，其说全不足信了。然则曹嵩确系陶谦部将的兵所杀。

做主将的固然有约束部下的责任，然亦只到约束为止。部将的兵杀人，要主将负约束不严以外的责任，也是不合理的。所以因曹嵩被杀，而曹操声言向陶谦报仇，理由并不充足。不过师出无名，以此作一个借口罢了。可见得当时用兵的人，论其实际，无一个不意在扩充地盘了。

曹操这一次的用兵，是颇为残暴的。《三国志》谓其"所过多所残戮"。这个不像曹操做的事情。大约这时候，曹操的兵，系以收编的青州黄巾为主力。其人本系强盗，所以难于约束。然战斗力却颇强，所以袁术、刘备、陶谦都非其敌。倘使竟吞并了徐州，则曹操以一人而坐拥两州，形势就更强了。不意忽然跳出一个吕布来。

吕布从长安逃出来之后，就去投奔袁术。袁术很敷衍他。而吕布手下的军队很无纪律，专事抄掠。袁术就有些难于容留他。吕布觉得不安，逃到现在河南的武陟县，去靠河内太守张杨。这时候，长安悬挂赏格，缉拿吕布很急。吕布怕张杨手下的人要谋害他，又逃去投奔袁绍，帮助袁绍攻击常山里的强盗张燕。吕布的武艺是颇为高强的。他手下的军队亦颇精练，而马队尤其得力。

平话中叙述两军争战，大都是将对将厮杀，而兵对兵相厮杀似乎无甚关系。这固然不是事实。然将对将相厮杀，而其余的兵士看着不动，前代亦偶有其事。不过不像平话中所说，以此为决定胜负的要件罢了。像《三国志·吕布传》注引《英雄记》，说李傕、郭汜攻长安时，郭汜在城北，吕布开门迎敌，对郭汜说："咱俩可约退兵马，一决胜负。"郭汜听了他的话，被吕布用矛刺伤。郭汜的从兵，前来解救。二人乃各自退去。就是一个将对将决斗的例子。这大约是古代战争规模很小时，所遗留下来的规律。吕布能刺伤郭汜，可见其武艺确较郭汜为高强。此等个人的勇力，固然不是战争时决定胜负的惟一条件。然主将能冲锋陷阵，确亦足以引起士卒的勇气。

《三国志·吕布传》说他有良马，唤做赤兔。攻张燕时，常和其亲近将校冲锋陷阵，因此得把张燕的兵打破。注引《曹瞒传》说，当时的人有句口头话，说"大中有吕布，马中有赤兔"。到后来，吕布被曹操擒获时，他对曹操说："你所怕的人，也没有超过我的。现在我已经服你了。倘使你带了步兵，我带了马兵，天下不足定也。"他做了俘虏，还说得出这几句话，可见他马队的精强，确非虚语了。兵在精而不在多，曹操的青州兵，以御陶谦、袁术、刘备等久疏战阵、乌合凑集的兵（据《三国志·先主传》刘备离田楷归陶谦时，只要兵一千多人。此外便是杂胡骑及略得的饥民等），虽然有余，以当吕布的兵，确乎是遇着了劲敌了。然而吕布生平，也到处吃军队不守纪律的亏。他在袁绍处便因此而站不住脚。再想投奔张杨，路过陈留，却一时交到好运。

陈留太守张邈，是和曹操最有交情的人。曹操的起义兵讨董卓，张邈就是最先赞助他的。这时候，曹操东征徐州，还对家属说："我如其死了不回来，你们可以去依靠张邈。"其交情深厚如此。陈宫也是曹操的亲信。曹操本来是以东郡太守发迹的。这时候东征陶谦，陈宫却留守东郡，其为亲信可知。不知如何，两个人却反起曹操来了。

《三国演义》说曹操借献宝刀为由，要想刺死董卓，未能成功，情虚脱逃。董卓行文各处捕拿他。这时候，陈宫正做县令。曹操于路为其所获。陈宫密问，知其用意，感其忠义，弃官与之同逃。路过曹操故人吕伯奢家，同往投宿。伯奢殷勤招待，自己出去买酒，吩咐家人预备肴馔。曹操心虚，听得厨下磨刀之声，疑其有不良之心。再听，又听得里面说道："缚而杀之可乎？"曹操说："是了。"就和陈宫拔剑入内，把吕伯奢家人一齐杀死。直杀到厨下，见绑着一只猪。陈宫说："孟德心多，误杀好人了。"两人只得匆匆起行。路遇吕伯奢买酒回来，曹操又把他杀掉。陈宫大骇。曹操说："宁可我负天下人，不可使天下人负我。"陈宫闻言，恶其狠心毒手，乘曹操熟睡后，要想把他杀掉。再一想，这也不是事，就弃了曹操而去。这是演义上妆点附会的话。

董卓废立后，曹操改变姓名、弃官东归是有的，却并非因献刀行刺。王允、吕布合谋诛杀董卓，还不能禁李傕、郭汜的造反，以致长安失陷。单刺死了一个董卓，又将如何呢？曹操路过中牟县（今河南中牟县），为亭长所疑，捉住送到县里。有认得他的人，把他释放了，这事情也是有的。然县令并非陈宫。

又曹操过成皋（今河南汜水县）时，到故人吕伯奢家，把他家里的人杀掉，则见于《三国志》注引《魏书》《世语》及孙盛《杂记》。《魏书》说曹操带数骑到吕伯奢家，伯奢不在。他的儿子要和宾客（没有亲族关系，也够不上算朋友，而寄食人家的谓之宾客。文的如门客，武的如上海的老头子家里养活几个白相人，都可以谓之宾客）打劫曹操的马和行李。"曹操手刃击杀数人。"《世语》说伯奢不在，他的五个儿子殷勤招待曹操，而曹操"疑其图己，手剑夜杀八人而去"。《杂记》说曹操"闻其食器声，以为图己，遂夜杀之，既而凄怆曰：宁我负人，无人负我。遂行"。这件事的真相未知如何。然曹操本来是有些武艺的（《三国志·魏武帝本纪》引孙盛《杂记》，说曹操"曾私入中常侍张让室。让觉之，乃舞手戟于庭，逾垣而出"），汉朝离战国时代近，战国以前本来道路不甚太平。走路的人要成群结队，带着兵器自卫。居家的人亦往往招集徒党，做些打家劫舍，或打劫过往客商之事，根本不足为奇。曹操因疑心吕伯奢家而将其家人杀掉，或吕伯奢的儿子要想打劫曹操而被曹操所杀，都属情理所可有。不过其中并无陈宫罢了。

《三国志·吕布传》注引《英雄记》说：陈宫归吕布后，吕布部将郝萌暗通袁术造反，陈宫亦与通谋。吕布因其为大将，置诸不问。则陈宫似乎是一个反复无信义的人。但《英雄记》的话亦难于全信。

至于张邈，《三国志》说因袁绍和他不和，叫曹操杀掉他，曹操不听，而张邈疑惧曹操终不免要听袁绍的话，因此就和陈宫同反，这话也不近情理。

总而言之，历史上有许多事情，其内幕是无从知道的。因为既称内幕，断非局外人所能知，而局中人既身处局中，断不肯将其真相宣布。除非有种事情形迹太显著了，太完备了，才可以据以略测其内幕，此外则总只好付诸阙疑之列了。陈宫、张邈为什么要叛曹操，似乎也只好付诸阙疑之列。然而这确是当日东方兵争史上重要的一页。

汉献帝五年夏，曹操东征徐州，张邈、陈宫叛迎吕布。兖州郡县到处响应，曹操后方的大本营，此时由苟彧、程昱主持，只保守得鄄城（在河南省濮阳东）。此外则只有范（今河南省范县）、东阿（今山东阳谷县阿城镇）两县固守不下。此时确是曹操生死存亡的一个关头。倘使其大本营而竟为吕布所破；或者曹操还救，而其主力军队竟被吕布所粉碎；则徐州未得，兖州先失，曹操就要无立脚之地了。幸得三县固守，而曹操东征的兵力也还强盛，乃急急还救。此时吕布屯兵濮阳，《三国志·魏武帝纪》说，曹操说："吕布一旦得一州，不能据东平（汉郡，今山东东平县），断泰山、亢父（今山东济宁县南）之道，乘险要我，而乃屯濮阳，吾知其无能为也。"遂进兵攻之。这话亦系事后附会之辞。吕布的军队是颇为精锐的。他大约想诱致曹操的兵，一举而击破其主力，所以不肯守险。果然，战时，吕布先用骑兵去攻青州兵。青州兵摇动了，曹操阵势遂乱，给吕布打败。这就是《演义》上渲染得如火如荼的濮阳城温侯破曹操一役。然曹操兵力本强，又是善能用兵的人，断不至于一致涂地。于是收兵再进。相持百余日，这一年，蝗虫大起。谷一斛卖到五十多万钱。汉朝的一斛，相当于现在的二斗，谷价廉残时，一斛只卖三十个铜钱。现在卖到五十多万钱，是加出两万倍了。物质缺乏如此，军队安能支持？曹操只得把手下的兵遣散一部分。吕布也只得移屯山阳（汉郡，今山东金乡县）。如此，吕布的攻势就顿挫了，旷日持久，自然于曹操有利。到明年，吕布就为曹操所击破，此时陶谦已死。刘备初与田楷同救陶谦，就离田楷归陶谦，屯于小沛（今江苏沛县）。陶谦死时，命别驾麋竺往迎刘备为州

三国时期政治家、军事家曹操

牧。刘备遂领有徐州，吕布为曹操所破，就去投奔刘备。刘备也收容了他。

刘备的才略自然非陶谦之比。倘使他据徐州稍久，未尝不可出兵以攻击曹操，倒也是曹操一个劲敌。苦于他旧有的兵力和徐州的兵力都太不行了。而才得徐州，袁术又来攻击。袁术本来是和刘备站在一条战线上的，论理他这时候该和刘备联合以攻曹操。他却贪图地盘，反而进攻刘备。刘备和他相持，吕布又乘虚以袭其后。刘备腹背受敌，只得逃到现在的扬州，遣人求和于吕布。吕布也要留着刘备以抵御袁术，就招他还屯小沛。于是徐、扬二州，因刘备、吕布、袁术三角式的相持，不足为曹操之患，曹操就得以分兵西迎献帝了。

魏晋南北朝史总论

吕思勉

魏晋之际，中国盛衰强弱之大界也。自三国以前，异族恒为我所服，至五胡乱起，而我转为异族所服矣。五胡乱之，起于晋惠帝永兴元年刘渊之自立。越十三年，愍帝被虏，而中国在北方之政府遂亡。自是南北分立。自元帝建武元年，至陈后主祯明三年，凡二百七十三年，而南卒并于北。隋文帝虽云汉人，然民族之异同，固非以其种姓而以其文化，此则不独隋室，即唐室之先，亦未尝非武川族类也。（《廿二史札记》云："两间王气，流转不常，有时厚集其力于一处，则帝王出焉。如南北朝分裂，其气亦各有所聚。晋之亡，则刘裕生于京口；萧道成、萧衍，生于武进之南兰陵；陈霸先生于吴兴；其地皆在数百里内。魏之亡，则周、隋、唐三代之祖，皆出于武川，宇文泰四世祖陵，由鲜卑迁武川。陵生系，系生韬，韬生肱，肱生泰，是为周文帝。杨坚五世祖元素，家于武川。元素生惠嘏，惠嘏生烈，烈生祯，祯生忠，忠生坚，是为隋文帝。李渊，三世祖熙，家于武川。熙生天赐，天赐生虎，虎生昞，昞生渊，是为唐高祖。区区一弹九之地，出三代帝王；周幅员尚小，隋、唐则大一统者共三百余年；岂非王气所聚，硕大繁滋也哉？"王气所聚；说大落空。宋、齐、梁、陈四代之祖，生于数百里内，亦不足论。中华人事繁复，此固无甚关系也。至于周、隋、唐三代之祖，皆生武川，则自以当时此一区中为强兵所在，故力征经营者易起于此，其附从之功臣，亦易出于此。不惟周、隋、唐，北齐兴于怀朔，固与武川同为六镇之一也。武川，今绥远武川县。怀朔，今绥远五原县）。唐室武功，超轶汉代，然实用蕃兵、蕃将为多，与汉之征匈奴，纯恃本族之师武臣力者异矣。自唐衰而沙陀入据中原，虽不久覆灭，然契丹、党项、女真、蒙古、满洲，又纷纷窃据，甚且举中国之政权而盗之。盖自五胡之乱至清之亡，凡历千六百有八年焉。若是乎，中国民族，实不堪以兵力与异族竞邪？曰：否。曰："文明之范围，恒渐扩而大，而社会之病状，亦渐溃益深。孟子曰：仁之胜不仁也，犹水胜火。以社会组织论，浅演之群，本较文明之国为安和，所以不相敌者，则因其役物之力大薄之故。然役物之方，传播最易，野蛮之群与文明之群遇，恒慕效如恐不及焉。及其文明程度，劣足与文明之族相抗衡，则所用之器，利钝之别已微，而群体之中，安和与乖离迥判，而小可以胜大，寡可以敌众，弱可以为强矣。"第一章。以文明之群，而转为野蛮之群所胜，宁独中国？马其顿之于希腊，日耳曼之于罗马，顾不然邪？夫党类（class）既分，则与异族为敌者，实非举国之民，特其操治理之权者耳。此等人，当志得意满之余，溺骄淫矜夸之习，往往脆弱不堪一击。卒遇强敌，遂至覆亡。

其覆亡也，固亦与寻常一姓之覆亡无异，特覆之者非本族而为异族人耳。此时多数人民，固未尝与异族比权量力，若为人所服，而实不可谓其为人所服也。多数人民与异族之相角，于何见之？其胜负于何决之？曰：视其文化之兴替。两族相遇，文化必有不同，观其孰替孰兴，而文化之优劣分，而民族之存亡，亦由之而判矣。信如是也，中国民族之与异族遇，不以一时争战之不竞见其劣，正以终能同化异族见其优，固非聊作解嘲之语矣。（此非谓中国必不能以兵力争胜，亦非谓此后永不必以兵力争胜，不可误会）。中国之见侮于异族，乃由执治理之权者之劣弱，其说可得闻与？曰：可。两族相竞，若战陈然，居前行者，实惟政治。

后汉自安帝永初以降，政权迄在外戚、宦官手中，自此至灵帝中平六年董卓入洛，凡历八十六年，其紊乱可以想见。此时为举国所想望者，莫如当时所谓名士，然其人实多好名嗜利之徒，读《秦汉史》第十章第四节、第十四章第五节、第十八章第四节可见。此时相需最殷者，曰综核名实，曰改弦更张。督责之治，魏武帝、诸葛武侯皆尝行之，一时亦颇收其效，然大势所趋，终非一二人之力所可挽，故人亡而政亦息焉。近世胡林翼、曾国藩，承积衰极敝之余，以忠诚为唱，以峻切为治，一时亦未尝不收其效，而亦不能持久，先后最相类也。改制更化，魏曹爽一辈人，颇有志焉。然其所图太大，不为时俗所顺悦；又兵争未久，人心积相猜忌，进思徼利，退计自全，乃不得不用阴谋以相争夺。此等相争，正人君子，往往非奸邪小人之敌，曹爽遂为司马宣王所覆。宣王本惟计私图；景王虽为正始风流人物，然既承宣王之业，自不得不专为自全之计；文王更无论矣，与司马氏相结合者，率多骄淫狙诈之徒；司马氏之子弟，亦日习于是，而其材又日下；而时势之艰危，人心之险诐如故；于是以晋初之百端待理；灭吴之后，又直可以有为之时；乃以趣过目前之晋武帝承之，急切之事如徙戎者，且不能举，皇论其他？而杨、贾、八王之祸，且代异己之诛锄而起矣。晋室之倾颓，固非一朝一夕之故，盖自初平以来，积渐所致，势固不易中止也。夫国之所恃为桢干者，固非一二臣卫，而为士大夫之群，今所谓中等阶级也。士大夫而多有猷、有为、有守，旧政府虽覆，树立一新政府，固亦非难。当时之士大夫，果何如哉？中国在是时，民族与国家之见地，盖尚未晶莹。东汉名士，看似前仆后继，尽忠王室，实多动于好名之私，挟一忠君之念耳。此等忠君之念，沿自列国并立之时，不能为一统之益，而时或转为其累（参看《秦汉史》第十四章第四节）。又既沿封建之习，则诸侯之国，与卿大夫之家，其重轻本来相去无几，由是王室与私门，其重轻之相去，亦不甚远；益以自私自利之恒情，而保国卫民之念，遂不如其保家全身之切焉。刘、石肆虐，北方之名门巨族，相率迁地以图自全，鲜能出身犯难者，由此也。（携家避地，固始汉末，然是时为内乱，而晋初为外患，衡以内乱不与，外患不辟之义，则晋之士大夫，有愧焉尔矣）。夫既徒为保家全身之计，则苟得沃土，自必如大月氏之西徙，志安乐而无复报胡之心。东晋之名流，率图苟安而怠恢复；（如蔡谟之沮庾亮，王羲之之毒殷浩）其挟有奸雄之才，而又为事势所激者，遂不恤为裂冠毁冕之行；（如王敦、桓温之称兵）。以此夫。当时北方之士大夫，虽云不足为有为，然南方剽悍之气，故未尝减。使晋室东渡之后，得如周瑜、鲁肃、吕蒙、陆逊者而用之，北方之恢复，曾何足计？其时南方之人，盖亦有图自立者，如陈敏等是。而事不易成；北方之名门巨族，挟一王室之名以来，自非其所能抗；而南方之政权，遂尽入北来诸族之手，其何能淑，载胥及溺焉。直至北府兵起，江、淮剽悍之气始有所藉以自见，然积弱之势既成，狙诈之习未改，日莫途远，虽绝世英雄如宋武帝，亦不能竟恢复之绪矣。宋、齐、梁、陈四代，皆起自寒微，所信任者，非复名门巨族。然所用寒人，资望大浅，虽能纲纪庶务，而不能树立远猷。又以防如晋世之内外相猜，大州重任，必以宗室处之。而世族之骄淫，既成恒轨，人心之倾险，有难骤更，而骨肉之相屠，遂继君臣之相忌而起矣。佞幸当朝，权奸梗命，其局势较东晋更劣，其渊源，则仍来自东晋者也。一时代之风气，恒随一二人之心力为转移。当神州陆沉之余，宁无痛愤而思奋起者？然豪杰之士，虽无文王犹兴，实亦缘其所处之境。先汉之世，学士大夫，人人有志于致用。自经新莽之丧败，遂旁皇而失其所守。既失之琐碎又偏于泥古，实不能有当于人心。其思力较沉挚者，乃思舍迹而求道。其于五经，遂束阁《诗》《书》《礼》《春秋》而专重《易》；其于诸子，则弁髦名、法、儒、墨、纵横而专言道。其识解自较汉人为高，然其所规画，或失之迂阔而不能行；甚或视世事大渺小；谓有为之法，终如梦幻泡景而不足为。其力薄才弱者，则徒为自娱或自全之计，遂至新亭燕集，徒为楚囚之对泣焉。此以外攘言之也。以言乎内治：则自东汉以来，不复知更化者必先淑其群，而稍以淑己为淑群之道。承之以释、老，而此等见解，愈益牢固而不可拔。而其所谓淑己之道，又过高而非凡民之所知。听其言则美矣，责其实，殆如彼教所谓兔角、龟毛，悉成戏论。此晋、南北朝之士大夫，所以终莫能振起也。至于平民，其胼手胝足，以自效于国家、民族，以视平世，其艰苦固不翅倍蓰；即能陈力于战事者，亦自不乏。然民兵之制即废；三五取丁等法，实为以不教民战；而广占良田，规锢山泽，荫匿户口者，又务虐用其人。北方遗黎，或抟结立坞壁，以抗淫威，亦因所抟结者太小，终难自立。其异族之窃据者，则专用其本族若他异族之人为兵，汉民既手无斧柯，则虽屡直变乱而终无以自奋。此平民所以不获有所藉手，以自效于国家、民族也。凡此，皆晋、南北朝三百年中，我国民不克以兵力攘斥异族之由也。

然则此时代中，我国民之所建树者何如？岂遂束手一无所为乎？曰：其大成就有四焉，而皆与民族之动荡移徙有关，故民族之移徙，实此时代中最大之事也。四者惟何？一曰士庶等级之平夷。二曰地方畛域之破除。三曰山间异族之同化。四曰长江流域之开辟（移民：晋时之移民，士庶等级平，地方畛域化，山胡越归化，江域开辟。）。古之为治者，本今所谓属人而非属地，故曰"有分土无分民"。封建之世，等级之严峻，盖非后世所能想像。秦人虽云父兄有天下，子弟为匹夫；汉世用人，虽云不分士庶；然特政事之措置，名门巨族，在民间之权势自若也。古黄河流域，盖汉族居平地而异族居山。长江流域，初盖江湖缘岸，亦为异族所据，后稍与汉同化，其不同风者，乃亦相率而入山。故秦、汉之世，江、河之域，皆颇似后世之西南诸省。而江域拓殖较晚，荆楚犹称火耕水耨，而扬州无论矣。自汉末以来，中原之民，乃因避乱而相率移徙。彼其移徙也，率皆宗党亲戚，相将而行；或则有地方豪望，为之率将；故其户数多至千百；恒能互相周恤，建立纲纪。（参看《秦汉史》第十三章第四节。当时移徙之民，与所移徙之地之民，畛域难遽破除者以此，其移徙后易以自立，易以自安者亦以此。以本皆族党、乡里，则能互相扶助而力强；而移徙之余，所处之地虽变，所相人偶之人，仍未大变也）。观此，可以知其为力之强。夫在一地方积有权势者，易一境焉，则其权势必归消失。北方诸族之南迁者，观史所载广占良田，规锢山泽，荫匿人户等事，一若皆为豪富之徒，实则此不过其当路秉政者，其余则皆日入于困窘矣。隋、唐以降士庶等级之渐夷，盖非徒九品中正之废，而实缘士族之生计日趋困窘。故与庶族通谱、通昏者，不一而足也。北人之初南徙也，其与当地殖之民，盖犹格不相入，故必侨置州郡以治之。其时移徙者之意，必曰：寇难削平，复我邦族，则依然故我矣。乃井里之丘墟如故，乡间之旋反无期，政府乃不得不力行土断；人民亦以岁月之久，侨居者与土著者日亲；而积古以来，各地方之畛域，渐次破除矣。当时河域之民，播迁所届，匪惟江域，盖实东渐辽海，西叩玉门，北极阴山，南逾五岭焉。其声教之所暨被，为何如哉？若此者，皆其民之较强者也。其单弱贫困者，不能远行，则相率入山，与异族杂处。当时所谓山胡、山越者，其名虽曰胡、越，而语言风俗，实无大殊，故一旦出山，即可以充兵、补户，可见其本多汉人。然胡、越之名，不能虚立，则又可见其本多异族，因汉人之入山而稍为所化也。湘、黔、粤、桂、川、滇、西康之境，自隋至今，历千三百年，异族之山居者，犹未尽化，而江淮、宛洛、河汾之际，自汉末至南北朝末，仅三百余年而遽成其功，虽曰地势之夷险不同，处境之安危亦异，然其所成就，亦云伟矣。自由史以来，至于秦、汉，文明中心，迄在河域。自河域北出，则为漠南，自河域南徂，则为江域。论者或病中国民族，不能北乡开拓，致屡招游牧民族之蹂躏。然民族之开拓，必乡夫饶富之区。江域之饶富，较之漠南北，奚翅十倍。执干戈以圉侵略，固为民族之要图，开拓饶富之区，以增益文化，其为重大，殆又过之。江域之开拓，实我民族靖献于世界之大劳，其始之自汉末，其成之则晋、南北朝之世也。此皆我民族在此时代中成就之极大者也。其为功，视以兵力攘斥异族于行阵之间者，其大小难易，宁可以道里计？恶得以治理者之劣弱，北方政权，暂入异族之手而少之哉？

民族之所建树，恒视乎其所处之境。自然之境易相类，人造之境则万殊，故各民族之史事，往往初相似而后绝异，以其初自然之力强，入后则人事之殊甚也。东洋之有秦、汉，西洋之有罗马，其事盖颇相类；中国见扰乱于五胡，罗马受破毁于蛮族，其事亦未尝不相类也。然蛮族侵陵以后，欧洲遂非复罗马人之欧洲，而五胡扰乱之余，中国为中国人之中国如故也。此其故何哉？中国有广大之江域以资退守，而罗马无之，殆为其一大端。此固可云地势为之，我民族不容以之自侈，然其殊异之由于人事者，亦不乏焉。罗马与蛮族，中国与五胡，人口之数，皆难确知，然以大较言之，则罗马与蛮族众寡之殊，必不如中国与王胡之甚。两民族相遇，孰能同化人，孰则为人所同化，虽其道多端，而人口之众寡，殆为其第一义，此中国同化五胡之所以易，罗马同化蛮族之所以难也。此非偶然之事，盖中国前此同化异族之力较大实为之。又蛮族受罗马文化之熏陶浅，五胡受中国文化之涵育深。不特慕容廆、苻坚、元宏，即刘聪、石虎，号称淫暴，亦特其一身之不饬，其立法行政，亦未尝不效法中国。当是时，我之民族性，固尚未形成，彼辈之茫昧，殆更甚于我。试观五胡造作史实，绝无自夸其民族，只有自夸其种姓可知，以视后来金世宗、清高宗之所为，迥不侔矣。异族之与我族遇，民族性之显晦，辽、金之间，殆为一大界。自辽以前，异族无不视汉族为高贵而思攀附之、效法之者。自金以后，则无是事矣。此其故，盖由辽以前诸族，始多附塞，或且入居塞内，女真、蒙古、满洲，则皆距塞较远也。此可见我民族同化异族之力，不待五胡扰乱，而潜移默运，业已有年矣。又不独此也。罗马受蛮族之侵陵，欧洲遂倒演而入于封建之世，而中国自五胡乱后，其为大一统依然也。此又何故哉？此实由罗马之为国，本不如中国之统一，故一旦覆亡，一文官、武将，若地方豪右，教中尊宿，蛮族酋豪，皆能成为一区域之大长，其权力历久而不敝，既不能一统之者，则其彼此之间，遂互相隶属，层累相及，而封建之局成矣。中国当晋、南北朝时，亦是处有豪族、游侠；兵乱之区，又有堡坞之主；亦未尝不专制一方，然地势平衍，风俗大同，中枢之力较强，民情亦习于统一，故虽有可成封建政体之端倪，卒无竟成封建政体之事实。此就政治言之也。以宗教言：则罗马之于基督，关系殊疏，而两汉之于孔子，关系极密。政教分张，事起近世，实由世事日新，而宗教笃旧，不能与时俱进之故。以理言，政治之设施，固应与教化相合。罗马之为治，实未能符合此义。人生虽不免屈于力，其意固恒欲附于德，故罗马解体以后，欧人乃欲奉教主为君王；其教主亦欲以此自居。然实不胜其任也，而政教之分争，遂为欧洲扰攘之大原焉。我国自汉武以后，儒教殆已成国教，然儒之所以为教者，实在人伦日用之间兼示为政者以轨则，而非恃迷信以铜人心，故与异教之相争不烈。国家既已一统，前此各地方之宗教，仅足维系一地方之人心者，既无以厌人之求，而急须一通行全国之大宗教，杂沓之神、祇、鬼、魅，遂稍合并、变化，而成所谓道教者；而佛教亦于此时传入。丁斯时也，所以慰悦人之魂神者，孔教则让诸道、佛；而施于有政，以及人伦日用之际道、佛亦不与儒争。道佛二家之间，道家本无教义，时时窃取佛说以自附益；甚至并其仪式而窃之；一似无以自立。然旧来所信奉之神、祇、鬼、魅，必非一日所能铲除，佛教入中国后，虽亦竭力与之调和，或且网罗之以为己助，然佛为异国之教，于中国旧所信奉，固不能一网打尽，亦必不能囊括无遗，而道教于此，遂获有立足之地焉。我国本无专奉一神之习，用克三教并立，彼此相安，即有他小宗教，与三教异同者，苟非显与政府为敌；或其所唱道者，实与当时社会所共仞之道德、法律，藉以维持秩序者不相容，亦未有痛加迫蹙者。获慰悦魂神，指道行为之益，而不酿争夺相杀之祸，要不能不谓我国之文化，高于欧洲也。

以上所说，虽已深切著明，读者终将疑我民族之所长，偏于文事，而于武德不能无阙，请更有说以明之。韩陵之战，齐高祖谓高昂曰："高都督纯将汉儿，恐不济事，今当割鲜卑兵千余人，共相参杂，于意云何？"似乎鲜卑之战斗，非汉人所能逮矣。然卫操、姬澹说魏桓、穆二帝招纳晋人，晋人附者稍众。及六修难作，新旧猜嫌，迭相诛戮，卫雄、姬澹，谋

中国历史学家吕思勉

欲南归,乃言于众曰:"闻诸旧人忌新人悍战,欲尽杀之,吾等不早为计,恐无种矣。"晋人及乌丸惊惧,皆曰:"死生随二将军。"于是雄、澹与刘琨任子遵,率乌丸、晋人数万众而叛。是晋人之悍战,又过于鲜卑也。齐高祖之雄武,读史者应无异辞,然其先固亦汉人,特久居北边,遂习鲜卑之俗耳。云、代间鲜卑,号称悍战者,其中之汉人,必不少也。大抵当时五胡与汉族之杂处,其情形,当略如后世之汉与回。传奕言:"羌、胡异类,寓居中夏,祸福相恤;中原之人,心力不齐;胡夷狄少而强,华人众而弱。"正与后世回强汉弱之情形,后先一辙也。然则五胡之乱华,亦不过如清代咸、同间西南、西北之回乱耳,恶得谓华夷之强弱迥异,且由于天之降材尔殊哉?

　　晋、南北朝史事,端绪最繁,而其间荦荦大端,为后人所亟欲知者,或仍不免于缺略。又文学取其诙诡可喜,史学则贵求真,二者之宗旨,绝不相同,而当史学未昌之时,恒不免以文为累。晋、南北朝之史,带此性质犹多。试观有言于先者,必有验于后;而敌国材智,所见多同,有恒能彼此相料可知。其时史家,好法《左氏》,实则与后世平话,同一臼科耳。其不足信据,固无俟深求也。至于行文,喜求藻饰,遂使言事,皆失其真,则知几《史通》,固已深讥之矣。兹编之作,钩稽芟落,虽竭吾才,去伪显真,犹恐十不逮一,纠缪绳愆,是所望于大雅。

隋唐五代史总论

吕思勉

论史者率以汉、唐并称，其实非也，隋、唐、五代，与后汉至南北朝极相似，其于先汉，则了无似处，何以言之？

先汉虽危加四夷，然夷狄之人入居中国者绝鲜，后汉则南单于、乌丸、鲜卑、氐、羌，纷纷入居塞内或附塞之地，卒成五胡乱华之祸。而唐代亦然，沙陀入据中原，犹晋世之胡、羯也。蕃、浑、党项，纷纷西北，卒自立为西夏，犹晋世之氐、羌也。而契丹雄据东北，与北宋相终始，亦与晋、南北朝之拓跋魏极相似，一矣。汉有黄巾之起，而州郡据地自专，终裂而为三国，唐有黄巢之起，而长安之号令，不出国门，终裂而为五代十国，二矣。不特此也，汉世儒者，言井田，言限民名田，法家则欲行均输，管盐铁，初犹相争（《盐铁论》贤良文学与御史大夫之争是也）。至新莽遂合为（一田为王田，兼行五均、六管是也）。功虽不成，其欲一匡天下，措斯民于衽席之安，其意则皎然也。而自魏、晋以来，人竞趋于释、老，绝不求矫正社会，而惟务抑厌其本性，以求与之相安。本性终不可诬也，则并斯世而厌弃之，而求归于寂灭，为释、老者虽力自辩白，然以常识论之，岂不昭昭如此耶？（常人论事，固无深远之识，亦鲜偏蔽而去实际太远之病，顺世外道之所由立也）。夫举一世而欲归诸寂灭，是教社会以自杀也。教社会以自杀，终非社会所能听从，故至唐而辟佛之论渐盛，至宋而攘斥佛、老之理学兴焉。然宋儒之所主张者，则以古代社会之组织为天经地义，而强人以顺从古代之伦纪而已；人心之不能无慊于古道，犹其不能无慊于今日之社会也。而宋儒于此，亦惟使人强抑其所欲求，以期削足而适履，此与言佛，老者不求改革社会，而惟务抑厌人之本性者，又何以异？此又其若相反而实相类者也。世运岂真循环耶？非也。世无不变之事，亦无骤变之物，因缘相类者，其所成就，亦不得不相类，理也。然则自后汉至于南北朝，与夫隋、唐、五代之世，其因缘之相类者，又何在也？

人性莫非社会所陶甄，今世社会学家言：人类已往之社会，大变有四：曰原始共产社会，曰奴隶社会，曰封建社会，曰资本主义社会。原始共产之世，邈哉尚已，吾侪今日，仅得就古先哲人追怀慨慕之辞，想像其大略而已。我族肇基之地，盖在江、河下游，故炎、黄交战及尧、舜所都之涿鹿，实在彭城，（《世本》）。与今称为马来，古称为越人者密迩。其争斗盖甚烈？吾族俘彼之民，则以之为奴隶，故彼族断发文身之饰，在吾族则为髡、黥之刑，（本族有大罪者，侪之异族）。苗民之所以见称为酷虐者以此。（古所谓刑者，必以兵刃亏人体至于不可复属，此其始皆用诸战阵，施诸异族者也。苗民之作五刑，盖以施诸异族者，貤及本族也）。黄帝，《书》称其清问下民，亦侯之门仁义存耳，其所恃以自养者，恐亦无以异于三苗也。此吾国之奴隶社会也。江、河下游，古多沮泽，水利饶而水患亦深，共工、鲧、禹，仍世以治水为务，共工与鲧皆蒙恶名，而禹独擅美誉，非其治水之术，果有以大异于前人也。自夏以后，吾族盖稍西迁，（夏代都邑，皆在河、洛）。西迁而水灾澹焉，则以为神禹之功云尔。出沮泽之地，入苍莽之区，不务力耕，惟求远迹，则于所征服之民，但使输税赋而止，夏后氏之贡法是也。（贡之名，乃取诸异部族者，与取诸本部族之税赋大异，夏后氏之贡，实以税而蒙贡名，盖初施诸来服之异部族，后虽入居其部，征服者与所征服者，已合为一，而其法仍未变也）。至此，则向恃奴隶之耕作以为养者，一变而衣食于农奴之租税矣。此吾国之封建社会也。自夏至于西周，此局盖未大变，故尚论者多以三代并称焉。（孔子称殷因于夏，周因于殷，礼所损益可知，必有所据。礼即法，惟俗相类，故礼相类，惟社会之组织相类，故俗相类也）。东周以降，种植、制造之技盖日精，通工易事之风亦益盛，则斯民之生计渐舒，户口日增，垦拓日广，道途日辟，风尚日同，则可以兴大师，则可以造利兵，则可以远征，则可以久驻。（所征服之国能供亿也。吴入郢能久留者，以郢故都会也）。生事之演进，无一非军事、政事之先驱，而统一之业，与资本之昌骈进矣。然以吾国疆域之广，水陆程途之修阻，风同道一，固非一蹴可几，地方豪右及政府所命官吏之桀骜者，盖罔不乘隙思逞，一旦中枢失驭，则纷然并起而图割据矣，此州郡藩镇之祸所由来也，瘠土之民，睹沃土之富厚而思攘夺之，势也。吾国东南临海，大军不能飞越，西南则山岭崎岖，处其间者不能合大群，亦无由成为强寇，惟漠南北之地，既瘠苦足资锻炼，又平夷有利驱驰，每为侵掠者所根据，而河、湟、青海之间，亦其次也。争战必资物力，瘠土之民，固非沃土之民之敌，汉、唐盛时，所以能威棱远憺者以此，然自来操政治之权者，多荒淫而无远虑，睹异族之臣服，则苟利一时之休息，而不暇维万世之安，而官吏、豪民，又利其可供赋役，恣虐使也（如后汉至苦役降羌，晋世并州多以匈奴为佃客，且掠卖胡羯为奴婢是也）。则使之入居塞内；而风尘有警，又驱其人以为兵；于是太阿倒持矣，此五胡及沙陀、契丹、党项之祸所由来也。孔子所谓大同，即古共产之世也，其和亲康乐无论矣。封建之世，黩武之族，虽坐役殖产之民以自活，然其所诛求者，亦税赋力役而已，于所征服之族社会固有之组织，未尝加以破坏也。以力胁夺，所得究属有限，而历时稍久，且将受所征服之族之感化而渐进于文明，故封建之世，社会之规制，尚未至于大坏，犹之人体，虽有寄生之虫，犹未至于甚病，故孔子称为小康。至资本主义既昌，则昔时之分职，悉成为获利之彰，尽堕坏于无形之中，社会遂变而为无组织，而民之生其间者苦矣。东周以降，仁人志士，日怵目刿心，而思有以移易天下，盖由于此。然斯时之社会，其体段则既大矣，其情状则既隐曲而难明矣，而生其间者，利害又相龃龉而不可合，凡所措置，所收之效，悉出于豫期之外，而事变之来，又多不可捉摸，则安得不视社会为无可控制，不能以人力改造，其惟务抑压一己，以求与之相安，亦固其所。故新室与东汉之间，实为古今一大界。魏、晋以后之释、老，宋、明两代之理学，实改造社会之义即湮，人类再求所以自处，而再败绩焉者也。此又其所以若相反而实相类也。读隋、唐、五代之史者，其义当于此求之。

唐太宗

中国之史，非徒中国一国之史也，东方诸国之盛衰兴替，盖靡不苞焉，即世界大局之变动，亦皆息息相关，真知史事之因果者，必不以斯言为河汉也。此其故何哉？世界各民族，因其所处之境不同，而其开化遂有迟早之异，后起诸族，必资先进之族之牖启，故先进之国之动息，恒为世界大波浪之源泉焉。先进之国，在东方为中国，在西方则在地中海四围，此二文明者，与接为构，遂成今日之世界。其与接为构也，一由海而一由陆。泛海者自中国经印度洋以入波斯湾，遵陆者则由蒙古经西域以入东欧。泛海之道，贾客由之，虽物质文明，因之互相灌注，初无于国家民族之盛衰兴替。遵陆之道，则东方之民族，自兹而西侵，西方之民族，亦自兹而东略，往往引起轩然大波焉。东西民族之动息，亦各有其时，月氏、匈奴，皆自东徂西者也，铁勒、突厥、回纥、沙陀、黠戛斯，则自西徂东者也。黠戛斯虽灭回纥，而未能移居其他，西方东略之力，至斯而顿，而东方之辽、金、元、清继起焉。辽之起,由其久居塞上,渐染中国之文明,金、元、清则中国之文明,先东北行而启发句骊,更折西北行以启发渤海,然后下启金源,伏流再发为满洲,余波又衍及蒙古者也。其波澜亦可谓壮阔矣。五胡乱华之后,隋、唐旋即盛强,而沙陀入据之后,则中国一阨于契丹,再阨于女真,三阨于蒙古,四阨于满洲,为北族所弱者几千年,则以铁勒、突厥等,皆自西来,至东方而其力已衰,而辽、金、元、清则故东方之族类也。东西民族动息之交替,实在唐世,读隋、唐、五代史者,于此义亦不可不知。

宋朝的开国和开国规模

张荫麟

（一）

后周世宗以三十四岁的英年，抱着统一中国的雄心，而即帝位。他即位不到一个月，北汉主刘崇联合契丹入寇，他便要去亲征。做了四朝元老的长乐老冯道极力谏阻。世宗说：从前唐太宗创业，不是常常亲征的吗？我怕什么？冯道却说：唐太宗是不可轻易学的。世宗又说：刘崇乌合之众，王师一加，便好比泰山压卵。冯道却怀疑道：不知道陛下作得泰山么？世宗看他的老面，不便发作，只不理睬，径自决定亲征。周军在高平（即今山西高平）遇到敌人。两军才开始交锋，周军的右翼不战而遁，左翼亦受牵动，眼见全军就要瓦解。世宗亲自骑马赶上前线督战，并且领队冲锋，周军因而复振，反把敌军击溃，杀到僵尸弃甲满填山谷。在凯旋道中，世宗齐集将校，大排筵席来庆祝，那些临阵先逃的将校也行无所事的在座。世宗突然声数他们的罪状，喝令他们跪下受刑。说着，壮士们便动手，把七十多个将校霎时斩讫，然后论功行赏。接着他率军乘胜直取太原，却无功而还。

经这一役，世宗深深感觉到他的军队的不健全。回到汴京后不久，便着手整军。这里我们应当略述后周的军制。像唐末以来一般，这时州郡兵为藩镇所私有，皇室不能轻意调遣。皇室所有的军队即所谓禁军。禁军分为两部：一，殿前军；二，侍卫亲军。两部之上，不置总帅。侍卫亲军虽名为亲，其实比较和皇帝亲近的却是殿前军。侍卫亲军分马步两军，而殿前军则无这样的分别；大约前者是量多于后者，而后者则质优于前者。世宗一方面改编全部禁军，汰弱留强；一方面向国内各地召募豪杰，不拘良民或草寇，以充实禁军，他把应募的召集到阙下，亲自试阅，挑选武艺特别出众，身材特别魁伟的，都拨入殿前军。

世宗不独具有军事的天才，也具有政治的头脑。他奖励垦荒，均定田赋；他曾为经济的理由，废除国内大部分的寺院，并迫令大部分的僧道还俗。他以雷霆的威力推行他的政令；虽贤能有功的人也每因小过而被戮。但他并不师心自用。他在即位次年的求言诏中甚至有这样的反省："自临宸极，已过周星。至于刑政取舍之间，国家措置之事，岂能尽是？须有未周。朕犹自知，人岂不察？而在位者未有一人指朕躬之过失，食禄者曾无一言论时政之是非！"他又曾令近臣二十余人，各作《为君难为臣不易论》一篇和《平边策》一篇，供他省览。"平边"是他一生的大愿。可惜他的平边事业只做到南取南唐的淮南江北之地，西取后蜀的秦、凤、阶、成四州，北从契丹收复瀛、莫二州，便赍志而殁，在位还不到六年，遗下二个七岁以下的幼儿和臣下对他威过于恩的感想。

世宗死于显德六年（公元九五九年）六月，在临死的一星期内，他把朝内外重要的文武职官，大加更动。更动的经过，这里不必详述；单讲他对禁军的措置。殿前军的最高长官是正副都点检；其次是都指挥使。侍卫亲军的最高长官是正副部指挥使；其次是都虞候。世宗对禁军要职的最后"人事异动"，可用表显示如下：

	职位	原任	更定	附注
殿前军	都点检	张永德	赵匡胤	
	副都点检	慕容延钊	慕容延钊	此据《旧五代史·周恭帝纪》，《宋史》本传误
	都指挥使	赵匡胤	石守信	
侍卫军	都指挥使	李重进	李重进	
	副都指挥使	未详（或缺员）	韩通	
	都虞候	韩通		

其中最可注意的是张永德的解除兵柄和赵匡胤的超擢。张永德是周太祖的驸马（世宗是周太祖的内侄兼养子），智勇善战，声望久隆，显然世宗不放心他。赵匡胤是洛阳人，与其父弘殷俱出身投军校，在周太祖时，已同隶禁军。高平之役，匡胤始露头角，旋拜殿前都虞候；其后二年，以从征淮南功，始长殿前都指挥使。他虽然年纪略长于张永德（世宗死时匡胤三十四岁），勋望却远在永德之下。但他至少有以下的几件事，给世宗很深的印象。他从征淮南时，有一次驻兵某城，半夜，他的父亲率兵来到城下，传令开城。他说："父子固然是至亲，但城门的启闭乃是王事。"一直让他父亲等到天亮。从征淮南后，有人告他偷运了几车财宝回来，世宗派人去检查，打开箱笼，尽是书籍，一共有几千卷，此外更无他物。原来他为人沉默寡言，嗜好淡薄，只是爱书，在军中是时常手不释卷的。南唐对后周称臣讲好后，想离间世宗对他的信任，尝派人送他白银三千两，他全数缴呈内府。从殿前都点检的破格超升，可见在这"易君如置棋"的时代，世宗替他身后的七岁幼儿打算，认为在军界中再没有比赵匡胤更忠实可靠的人了。

（二）

世宗死后半年，在显德七年的元旦，朝廷忽然接到北边的奏报，说北汉又联合契丹入寇。怎样应付呢？禁军的四巨头中，李重进（侍卫都指挥使，周太祖的外甥）是时已领兵出镇扬州；绰号"韩瞠眼"的韩通（侍卫副都指挥使）虽然对皇室特别忠勤，却是一个毫无智谋的老粗，难以独当一面。宰相范质等不假思索，便决定派赵匡胤和慕容延钊（副都点检）出去御敌。

初二日，慕容延钊领前锋先行。是日都城中突然喧传明天大军出发的时候，就要册立赵点检做天子。但有智识的人多认为这是无根的谣言。先前也有人上书给范质说赵匡胤不稳，要加提防；韩通的儿子，绰号韩橐驼的，也劝乃父及早设法把赵匡胤除掉。但是他做都点检才半年，毫无不臣的痕迹，谁能以小人之心度君子之腹呢？但这一天不知从何而来的关于他的谣言，却布遍了都城，有钱的人家纷纷搬运细软，出城躲避。他们怕什么？稍为年长的人都记得：恰恰十年前，也是北边奏报契丹入寇，也是派兵出征；约莫一个月后，出征的军队掉头回来，统兵的人就做了皇帝（即周太祖），他给部下放了三天假，整个都城几乎被抢掠一空。现在旧戏又要重演了罢？

初三日，赵匡胤领大军出发。城中安然无事，谣言平息。

初四日上午，出发的军队竟回城了！谣言竟成事实了！据说队伍到了陈桥，当天晚上军士忽然哗变，非要赵点检做天子不可，他只得将就。但出乎大家意料之外的，这回军士却严守秩序，秋毫无犯。在整个变局中，都城里只发生过一次小小的暴行。是日早朝还未散，韩通在内庭闻变，仓皇奔跑回家，打算调兵抵抗，半路给一个军校追逐着，才到家，来不及关门便被杀死；那军校把他全家也屠杀了。都城中已没有赵匡胤的敌人了。一切仪文从略。是日傍晚，赵匡胤即皇帝位。因为他曾领过宋州节度使的职衔，定国号为宋；他便是宋太祖。

在外的后周将帅中，不附宋太祖的，唯有镇守扬州一带的李重进和镇守潞州一带的李筠。四月，李筠结合北汉（占今山西全省除东南隅及雁门关以北）首先发难。李重进闻讯，派人去和他联络，准备响应。那位使人却偷到汴京，把扬州方面的虚实告诉了宋太祖，并受了密旨，回去力劝重进不可轻举。重进听信了他，按兵不动。北汉和后周原是死对头，而李筠口口声声忠于后周，双方貌合神离。他又不肯用谋士的计策：急于乘虚西出怀孟，占领洛阳为根据，以争天下；却困守一隅，坐待挨打；结果，不到三个月，兵败城破，赴火而死。九月，李重进在进退两难的情势下勉强起兵。他求援于南唐，南唐反而把他的请求报告宋朝。他还未发动，亲信已有跳城归宋的。他在狐疑中，不问皂白，把三十多个将校一时杀掉。三个月内，扬州也陷落，他举家自焚而死。

（三）

宋太祖既统一了后周的领土，进一步便着手统一中国。是时在中国境内割据自主的区域，除宋以外大小有八，兹按其后来归入宋朝的次序，列表如下：

区域	今地	统治者名义	入宋年
荆南	湖北江陵以西及四川峡道	宋荆南节度使	九六三
湖南	略当湖南省	宋武平节度使	九六三
蜀	四川省除峡道	称帝	九六五
南汉	两广全部及湖南一部分	称帝	九六六
南唐	苏皖的长江以南区、湖北东南部（包武昌）、江西全部及福建西部	称唐主奉宋正朔	九七五
闽南	福建漳泉一带	唐清源节度使	九七八
吴越	浙江全部、福建东北部及江苏苏松区	称吴越王奉宋正朔	九七八
北汉	山西全省除东南隅及雁门关以北	称帝	九七九

太祖的统一工作，大致上遵守着"图难于其易"的原则。荆南、湖南皆地狭兵寡，不足以抗拒北朝，过去只因中原多故，或因北朝把它们置作后图，所以暂得苟全。太祖却首先向它们下手。他乘湖南内乱，遣军假道荆南去讨伐，宋军既到了荆南，却先把它灭掉，然后下湖南，既定两湖，便西溯长江，南下阁道，两路取蜀，蜀主孟昶是一纨袴少年，他的溺器也用七宝装成。他的命运，可用他的一个爱妃（花蕊夫人）的一首诗来交代：

> 君王城上竖降旗，妾在深宫那得知！
> 十四万人齐解甲，宁无一个是男儿？

这些解甲的军士中，至少有二万七千被屠，而宋兵入蜀的只有三万。次取南汉。南汉主刘铱比孟昶更糟，是一变态的胡涂虫，成日家只在后宫同波斯女之类胡缠，国事委托给宦官；仅有的一二忠臣良将，因随便的几句谗言，便重则族诛，轻则赐死。他最后的办法是把珍宝和妃嫔载入巨舶，准备浮海。这些巨舶却给宦官盗走，他只得素衣白马，叩首乞降。次合吴越夹攻南唐。南唐主李煜是一绝世的艺术天才。在中国文学史中，五代是词的时代，而李煜（即李后主）的词，凄清婉丽，纯粹自然，为五代冠。读者在任何词的选本中都可以碰到他的作品。他不独爱文学，也爱音乐，书画，以及其他一切雅玩；也爱佛理，更爱女人。在一切这些爱好者的沉溺中，军事政治俗务的照顾只是他的余力之余了。他遇着宋太祖，正是秀才遇着兵，其命运无待龟蓍。以下是他在被俘入汴途中所作的词：

> 帘外雨潺潺，春意阑珊。罗衾不耐五更寒。梦里不知身是客，一晌贪欢。独自莫凭栏！无限江山，别时容易见时难。流水落花春去也，天上人间！

和李煜的文雅相称，宋军在南唐也最文明，至少在它的都城（今南京）是如此。"曹彬下江南，不妄杀一人"，历史上传为美谈。但江州城（今九江）为李煜坚守不降，后来陷落，全城被屠，横尸三万七千。

　　南唐亡后次年，太祖便死，寿仅五十，遗下吴越、闽南和北汉的收拾工作给他的继承者，他的胞弟赵匡义，即宋太宗。吴越王钱俶一向以对宋的恭顺和贿赂作他的地位的保障。南唐亡后，他亲自入朝。临归太祖交给他一个黄包袱，嘱咐他，在路上拆看。及拆阅，尽是群臣请扣留他的奏章。他为之感激涕零。太宗即位后，他又来朝，适值闽南的割据者自动把土地献纳，他恐惧，上表，请除去王号和其他种种优礼，同时求归。这回却归不得了！他只得照按闽南的办法，也把土地献纳。最后，宋朝可以用全副精神和全部力量图谋北汉了。北汉地域虽小，却是一个顽敌，因它背后有契丹的支持。自从太祖即位以来，它曾屡次东侵，太祖也曾屡次加讨伐——有二次兵临太原（北汉都城）城下，其中一次太祖并且亲征。但太祖终于把它放过了。太祖是有意暂时放过它的。他有这样的考虑：北汉北接契丹，西接西夏；北汉本身并不怎样可怕，它存在，还可以替宋朝作西北的缓冲；它若亡，宋朝和这两大敌的接触面便大大增加，那是国防上一个难题。但这难题可暂避而不能终免。吴越归地后不到一年，太宗便大举亲征北汉。契丹照例派兵去救。前军到达白马岭

宋朝开国皇帝赵匡胤

（今山西孟县东北）与宋军只隔一涧。主帅主张等后军到齐然后决战，监军却要尽先急击，主帅拗不过他，结果契丹军渡涧未半，为宋军所乘，大溃，监军及五将战死，士卒死伤无算。宋军进围太原城。在统一事业中，这是九仞为山的最后一篑之功了。军士冒犯矢石，奋勇争先地登城，甚至使太宗怕死伤过多，传令缓进。半月，城陷，北汉主出降。太宗下令毁太原城，尽迁其居民于榆次，军士放火烧城，老幼奔赴城门不及，烧死了许多（唐、五代之太原在今太原西南三十里，太宗毁太原城后，移其州治，即今太原省会。）

（四）

太祖太宗两朝对五代制度的因革损益，兹分三项述之如下：（一）军制与国防，（二）官制与科举，（三）国计与民生。

五代是军阀的世界。在稍大的割据区域内，又分为许多小割据区，即"节度使"的管区。节度使在其管区内尽揽兵、财、刑、政的大权，读者从不久以前四川"防区"的情形，便可以推想五代的情形。太祖一方面把地方兵即所谓厢兵的精锐，尽量选送到京师，以充禁军；又令厢兵此后停止教练。这一来厢兵便有兵之名无兵之实了。厢兵的编制是每一指挥管四五百人；每大州有指挥使十余员，次六七员，又次三四员；每州有一马步军都指挥使，总领本州的厢兵，而直隶于中央的侍卫司，即侍卫亲军的统率处。在另一方面，太祖把节度使的行政和财权，逐渐移归以文臣充任的州县官。这一来"节度使"在宋朝便成为一种荣誉的空衔了。

禁军的组织，大体上仍后周之旧，惟殿前正副都点检二职经太祖废除；殿前和侍卫的正副都指挥使在太宗时亦缺而不置，后沿为例，因此侍卫军的马步两军无所统属而与殿前军鼎立，宋人合称之为"三衙"。禁军的数目太祖时约有二十万，太宗时增至三十六万。禁军约有一半驻屯京城及其附近；其余一半则分戍边境和内地的若干重镇。其一半在内而集中，另一半在外而分散；这样，内力永远可以制外，而尾大不掉的局面便无法造成了。太祖又创"更戍法"：外戍各地的禁军，每一或二年更调一次，这一来，禁军可以常常练习行军的劳苦而免怠惰；同时镇守各地的统帅不随戍兵而更动。因此"兵无常帅，帅无常师"，军队便无法成为将官的私有了。

厢军和禁军都是雇佣的军队。为防止兵士逃走，他们脸上都刺着字。此制创自后梁，通行于五代，而宋朝因之。兵士大多数是有家室的。厢兵的饷给较薄，不够他们养家，故多营他业。禁兵的饷给较优，大抵勉强可够养家。据后来仁宗庆历间一位财政大臣（张方平）的报告，禁军的饷给："通人员长行（长行大约是伕役之类），用中等例（禁军分等级，各等级的饷类不同）：每人约料钱（每月）五百，月粮两石五斗，春冬衣绢六匹，绵十二两，随衣钱三千。……准例（实发）六折。"另外每三年南郊，大赏一次，禁兵均每人可得十五千左右。除厢、禁军外，在河北、河东今山西及陕西等边地，又有由农家壮丁组成的民兵；平时农隙受军事训练，有事时以助守御，而不支官饷。

这里我们应当涉及一个和军制有关的问题，即首都位置的问题。宋都汴梁在一大平原中间，四边全无险阻可资屏蔽，这是战略上很不利的地形。太祖曾打算西迁洛阳，后来的谋臣也每以这首都的地位为虑。为什么迁都之议始终没有实行，一直到了金人第一次兵临汴梁城下之后，宋帝仍死守这地方等金人第二次到来，而束手就缚呢？我们若从宋朝军制的根本原则，从主要外敌的所在，从经济地理的形势各方面着想，便知道宋都有不能离开汴梁的理由。第一，在重内轻外的原则下，禁军的一半以上和禁军家属的大部分集中在京畿，因此军粮的供应和储蓄为一大问题。随着禁军数量的增加，后来中央政府所需要于外给的漕粮，每年增至六七百万石，而京畿的民食犹不在内。在这样情形下，并在当时运输能力的限制下，政治的重心非和现成的经济的重心合一不可。自从唐末以来，一方面因为政治势力由西而东移，一方面因为关中叠经大乱的摧毁和水利交通的失理，汉唐盛时关中盆地的经济繁荣和人口密度也移于"华北平原"。汴梁正是这大平原的交通枢纽，经唐五代以来的经营，连渠四达，又有大运河以通长江；宋朝统一后交通上的人为限制扫除，它便随着成为全国的经济中心了。第二，宋朝的主要外敌是在东北，它的边防重地是中山（今河北定县）、河间、太原三镇，而在重内轻外的原则下，平时兵力只能集中在京畿，而不能集在其他任何地点；因此都城非建筑在接近边防重镇且便于策应边防重镇的地点不可。汴梁正适合这条件。

（五）

中央政府的组织，大体上沿袭后周。唐代三省和御史台的躯壳仍然保存，但三省的大部分重要职权，或实际上废除，如门下省的封驳（封谓封还诏书，暂不行下；驳谓驳正台议），或移到以下几个另外添设的机关：（1）枢密院（创始于后唐）掌军政，与宰相（即"同中书门下平章事"）所主的政事堂对立，并在禁中，合称二府。院的长官（或称枢密使，或知枢密院事，或签书枢密院事）的地位也与宰相抗衡。（2）三司使司（创始于后唐）掌财政，三司使下辖盐铁、度支和户部三使，宋初以参加政事（即副宰相，太祖时创置）或宰相兼领，后置专使。（3）审官院（不知创于何时，后分为审官东院与流内铨）掌中下级文官的铨选，其上级文官的铨选则归中书省。（4）三班院（不知创于何时，后分为审官西院与三班院）掌中下级武官的铨选，其上级武官的铨选则归枢密院。（5）审刑院（创始于太宗时）主覆核刑部奏上的重案。枢密院分宰相及兵部之权，三司便分户部之权，审官院分吏部之权，三班院再分兵部之权，审刑院分刑部之权。

地方行政的区域有三级，自下而上是：（1）县；（2）府，州，军，监，通称为郡；（3）路。在郡的四类中，府是经济上或军事上最重要的区域，其数目最少，其面积却最大；通常州所管辖的县数较府为少；军次之，至多只三县，少则一县；监则尽皆只占一县；设监的地方必定是矿冶工业或国家铸钱工厂等所在的地方，监的长官兼管这些工业的课税和工厂的事务。

宋初在郡县制度上有两项重要的变革。一是郡设通判（大郡二员，小郡一员，不满万户的郡不设），以为郡长官的副贰；郡长官的命令须要他副署方能生效；同时他可以向皇帝上奏，报告本郡官吏的良劣和职事的修废。因为通判的权柄这样大，郡的长官就很不好做。宋人有一传为话柄的故事如下：有一杭州人，极好食蟹；他做京朝官做腻了，请求外放州官（宋朝京官得请求外放并且指明所要的郡县），有人问他要那一州。他说我要有蟹食而没有通判的任何一州。二是县尉（县尉制始于汉朝）的恢复。在五代，每县盗贼的缉捕和有关的案件，由驻镇的军校管理，县政府无从过问，宋初把这职归还县政府，复设县尉以司之。路的划分在宋代几经更改，这里不必详述。太宗完成统一后将全国分为十路，其后陆续于各路设一转运使，除总领本路财赋外，并得考核官吏，纠察刑狱，兴利除弊；实于一路之事无所不管。后来到真宗（太宗子）时，觉得转运使的权太大，不放心，又于每路设一提点刑狱司，将转运使纠察刑狱之权移付之。宋人称转运使司为漕司，提点刑狱司为监司。

宋在变法以前的科举制度，大体上沿袭唐朝进士科独尊以后的规模。但有以下的更革：（1）唐朝每年一举进士，每举以一二十人为常，至多不过三四十人；宋朝每四年一举进士，在太宗时每举常一二百人，后来有多至五六百人的。（2）唐朝进士考试不弥封，不糊名，考官亦不专凭试卷去取，而可以参考举子平日的声誉。因此举子在考试之前，照例把自己的诗赋或其他著作向权要投献，望他们赏识，延誉，以至推荐。宋朝自真宗（一说太宗）时，定糊名制以后，试官于举子只能凭试卷去取了。（3）唐朝进士经礼部录取后，即算及第。宋朝则礼部录取后，还要到殿庭覆，由皇帝亲自出题，这叫做"殿试"。及第与否有及第的等次，是在殿试决定的（仁宗某年以后，殿试只定等次，不关去取）。（4）唐朝进士及第后，如想出仕，还要经吏部再定期考选。"吏部之选，十不及一"，因此许多及第的进士等到头白也得不到一官。宋朝的进士，一经及第，即行授职，名次高的可以得到通判、知县或其他同等级官职。（5）宋朝特定宗室不得参与科试。

从上面所述科举制度的更革，已可以看出宋朝对士大夫的特别优待。但宋朝士大夫所受的优待还不止此。像"官户"免役免税及中上级官吏"任子"（子孙不经"选举"，特准宜仕）的特权，固然沿自前代（汉代），但宋朝官吏"任子"的权利特别大。台省官六品以上，它官五品以上，每三年南郊大礼时，都有一次"任子"的机会，每次品级最底的荫子或孙一人；品级最高的可荫六人，不拘宗人、外戚、门客，以至"医人"（家庭医生）。此处大臣致仕时有"致仕恩泽"可荫若干人，死后有"遗表恩泽"可荫若干人。因为科举名额之多，仕途限制之宽和恩荫之广，宋朝的闲职冗官特别多，且日增无已，到后来官俸的供给竟成为财政上的大问题了。更有一由小可以见大的优待士大夫的制度，太祖于每州创立一"公使馆"专以款待旅行中的士大夫。据一个曾受其惠的人的记录："公使库……遇过客（自然不是寻常的过客）必馆置供馈……使人无旅寓之叹。此盖古人传食诸侯之义。下至吏卒（随从）批支口食之类，以济其乏食。承平时士大夫造朝，不赍粮，节用者犹有余以还家。归途礼数如前，但少损。"太祖还有一个远更重大的优待士大夫的立法。他在太庙藏一传诸子孙的密约："誓不杀大臣及言事官"。规定以后每一皇帝于即位之前，在严重的仪式下，独自开阅这誓约。这誓约对宋代政治的影响，读者以后将会看到。

（六）

宋初财政收入的详细节目，太过繁琐，这里不能尽述，举其重要的如下：（1）"两税"（分夏秋两季征纳的田赋和资产税）沿唐旧制，而大致仍五代加重的额数，约为唐代的六倍。其中田赋一项，通常每亩产谷十五石而抽一斗（依当时度量），但因为逃税的结果（上官册的田只占实垦田实额约十分之三），大多数豪强或显达田主实纳的田赋远较上设的比率为轻。（2）政府专卖的物品，除沿自唐季的盐、茶、酒，沿自五代的矾外，又有自外海输入的香料。此外苛税之沿自五代的有（3）通过税（即近代的厘金），每关抽货价的百分之二（现款亦照抽）；又有（4）身丁钱，即人头税。此税只行于江淮以南，迄于闽广（四川除外），因为五代以来本是如此。这种税的负担，加上别的原因，使得这区域的贫民无法维持他们所不能不继续孳生的人口，因而盛行杀婴的习俗。宋朝大文豪苏东坡于这习俗有一段很深刻的描写。他写给一位鄂州知州的一封信道：

> 昨……王殿直天麟见过……言鄂岳间田野小人，例只养二男一女。过此，辄死之。尤讳养女。……辄以冷水浸杀之。其父母亦不忍，率常闭目背面，以手按之盆中，咿嘤良久乃死。……天麟每闻其侧近有此，辄驰救之，量与衣服饮食，全活者非一。……鄂人有秦光亨者，今已及第，为安州司法。方其在母也，其舅陈遵梦一小儿挽其衣，若有所诉。比两夕辄见之，其状甚急。遵独念其姊有娠将产，而意不乐多子。岂其应是乎？驰往省之，则儿已在水盆中矣。救之得免。

这是宋朝的黄金时代的一斑。

人民除赋税的负担外，还有差役的负担。差役有四种：一是押运官物，二是督征赋税，三是逐捕盗贼，四是在州县衙门供使唤或管杂务。民户分九等，上四等服役，下五等免役。押运（即所谓衙前）和督赋（即所谓里正），最是苦差，当者要负赔偿损失的责任，每至倾家荡产，并且坐牢。宋朝名将韩琦当知并州时，在一封论及役法的奏疏里有这样的描写：

> 州县生民之苦，无重于里正衙前。自兵兴以来，残剥尤甚，至有孀母改嫁，亲族分居。或弃田与人，以免上等。或非命求死，以

就单丁。规图百端，苟脱沟壑之患。

这是宋朝的黄金时代的又一斑。

在五代，一方面军阀横行，一方面豪强的兼并也变本加厉。军阀是给太祖兄弟以和平的手段解决了，但豪强的兼并并不妨碍他们的政权，所以他们也熟视无睹。宋初豪强兼并的程度有下列几事为证：

（1）在太宗淳化四年至至道元年（公元九九三——九九五年）间，四川成都附近发生一次贫民（也许大部分是农民）的大暴动。他们的领袖李顺的口号，据宋朝国史的记载，是"吾恨贫富不均，吾为汝均之"！他们把官吏杀掉，拿来示众。他们把富人的财产，除了足供养家的一部分外，尽数充公，拿来赈济贫困。他们竟"号令严明，所到一无所犯"。但他们终于一败涂地。

（2）同时在四川盛行着一种沿自五代的"旁户"制度。旁户是隶属于豪家的贫户，豪家所领的旁户，每有数千之多。他们向领主纳租外，并供领主役使，如奴隶一般。当李顺乱起时，有些豪家反率领旁户去响应他。后来事定，太宗想把旁户制度废除，终因怕引起更大的扰乱而止。

（3）同时在江淮以南迄于闽广（即身丁钱制施行的区域），又有一沿自五代的特殊法律：佃户非得田主的许可并给予凭证，不许迁移。这一来，佃户便成了附着于田土的农奴，如欧洲中古时代的情形。这特殊的法律到太宗的孙仁宗时始行废除。仁宗之所以为"仁"，于此可见。

（原载《思想与时代》月刊第4期，1941年11月）

北宋的外患与变法

张荫麟

（一）

自从石晋末年（公元九四七年），契丹退出汴梁后，它的极盛时代已成过去。白马岭之战使太宗觉得契丹易与。太原攻下之后，他便要一劳永逸地乘胜直取燕云。这十六州的国防要区一天不收回，他的帝国一天不能算是"金瓯无缺"。但是他的部下，上自大将下至兵卒都指望太原攻下之后，可以暂息汗马之劳，同时得到一笔重赏，回家去享享太平福。太宗却不这样想。将士有了资财，那里还肯卖力去打仗？不如等燕云收复后才给他们一起颁赏也不迟。而将士贪赏求逸的隐衷又怎能向皇帝表示？在迅速的"宸断"之下，太宗便领着充满了失望心情的军队向东北进发。一路所经，易州和涿州的契丹官将先后以城降。不到一月便抵达幽州城（今北平）下。附近的契丹官将又络绎来降。宋军闻幽州城三匝。城内空虚，自分无幸，契丹主也准备放弃这重镇。独有一大将（舍利郎君），自告奋勇，请兵赴援，他领兵贪夜兼程，从间道兜到宋军的后方，席卷而北。宋军仓促应战于今北平西直门外的高粱桥（下为高粱河）一带，立时大败，四散逃窜。幸而契丹主帅受了重伤，不能穷追。败军复集后找寻太宗不得，只当他已死。正议拥戴太祖的儿子继位间，却发现了他，只身乘驴车遁归，大腿上中了两箭。十八年后他就因这伤口的发作而死。

高梁桥之战（太平兴国四年，公元九七九年）以后，宋辽边境上的冲突，断断续续的拖了二十几年，彼此都无大进展（京戏中有名的"杨家将"就是在这时代出现的）。太宗于死前三年（公元九九四年），正当李顺乱事未平之际，曾两次遣使往契丹议和，都为所拒绝。真宗咸平六年（公元一〇〇三年），宋殿前都虞侯王继忠孤军力战，为契丹所俘。他本是真宗藩邸的亲信，骁勇著名。契丹摄政太后萧氏，很器重他，授以高官，配以贵女。他既荷新宠，又感旧恩，一心要促成宋辽的和好。萧后和她朝中的领袖们对于边境的拉锯战，也未尝不感厌倦。但怎肯平白休兵？次年，他们率领倾国的军队南下，同时由王继忠出面与宋朝通书约和，真宗用宰相寇准的定策，一面严密布置守御，并亲至澶渊（今河北濮阳县西南）督师，一面遣使赴契丹议和。契丹攻瀛州城不下，而其进迫澶渊的前锋的统帅（即去年擒王继忠者）又中伏弩死，两方且战且议的结果便是所谓"澶渊之盟"。构和的条件载于两方交换的誓书内，兹将宋方的誓书录下：

> 维景德元年，岁次甲辰，十二月庚辰朔，七日丙戌，大宋皇帝谨致誓书于大契丹皇帝阙下：共遵成信，虔奉欢盟，以风土之宜，助军旅之费。每岁以绢二十万匹，银一十万两，更不差使臣专往北朝，只令三司差人搬送至雄州交割。沿边州军，务守疆界；两地人户，不得交侵。或有盗贼逋逃，彼此无令停匿；至于垄亩稼穑，南北勿纵惊骚。所有两朝城池，并可依旧存守，淘濠完葺，一切如常。即不得创筑城隍，开拔河道。誓书之外，各无所求。必务协同，庶存悠久。自此保安黎献，慎守封陲。质于天地神祇，告于宗庙社稷。子孙共守，传之无穷。有渝此盟，不克享国。昭昭天鉴，当共殛之！……

据说，宋方的使人临行时，真宗吩咐他道：若不得已，许与契丹的岁币，不妨添到一百万。寇准却把使人召来，对他说：虽有御旨，若许过三十万，我便砍你的头。其后使人定约回来，真宗正在幕内用膳，不及召见，先差太监去探问。使人在幕外，不便扬声，只把三个指头向额上一点。那太监当为三百万禀报，真宗听了道：太多，也罢，姑且了事。

（二）

澶渊之盟后，宋朝边境保持了三十年完全的和平，而有西夏赵元昊之患。西夏原初的地域大略包括今陕北的无定河以西、延水之北和绥远的鄂尔多斯。这区域在唐以来为羌族所散布。唐末，这区域的守将拓跋氏（北魏之后）割据自主，传世至宋。太宗时，西夏叛而复附，附而复叛；澶渊之盟前一年，西夏攻占灵州（今宁夏灵武县西南），盟后二年，又复就抚。是时西夏之于宋边，还不过是癣疥之患。至仁宗明道元年（公元一〇三二年），赵元昊（赵是太宗时赐姓）继位，而形势大变。元昊从少就是一个异凡的人物，不独精娴武事，并且通蕃（盖指藏族）汉文字，从法律书，兵书，以至佛典，无所不读；又能绘画，能出新意创制器物。他劝其父不要臣属中国。其父说："我们三十年来，周身锦绮，都是宋朝所赐，怎好负恩？"他说："穿兽皮，勤力牧畜，是蕃人的天性。大丈夫要为王为霸，锦绮算什么？"在继位之前，他曾领兵西征回鹘，连取了甘州和西凉府（并在今甘肃省河西地）。既继位，模仿宋朝制度，改革政府组织。自创西夏字根，命人演成西夏文字，又命人拿来译《孝经》《尔雅》《论语》等书（西夏文译的佛经和其他西夏文书现在还有留存）。他有蕃汉兵十五六万，仍都兴州（今宁夏省会）；西取回鹘的沙、瓜、肃三州（并在今甘肃河西），东南寇宋。他继位之初已私自改元，第七年（公元一〇三八年），便正式称帝，定国号为大夏。此后，宋在今陕西黄河近岸，延水流域，以迄甘肃的环县、庆阳、泾川、固原一带的边境上，和西夏展开四年的苦战。宋方的主要将帅是安阳人韩琦和苏州人范仲淹。范之参预这次军事，原是由韩的举荐，但初时二人的战略根本不同。韩主张集中兵力，深入进攻，一举击破敌主力。他也知道这是冒险的事，但他以为"大凡用兵，当置胜败于度外"。范却以为"承平岁久，无宿将精兵，一旦兴深入之谋，国之安危，未可知也"；"为今之计，宜严戒边城，使持久可守；实关内（即关中），使无虚可乘；若寇至边城，清野不与大战。关中稍实，（敌）岂敢深入？二三年间，彼自困弱"。他又主张军事与外交并用，亲自作书，劝元昊罢兵称臣，时人多以他为怯。庆历元年（公元一〇四一年），韩琦巡边至镇戎军（今甘肃固原），派兵数万，深入敌后，窥取羊牧隆城（今甘肃隆德附近）。所遣的统领官贪利轻进，陷入敌人的大包围中，全军尽覆。兵士阵亡的，据当时边庭低折的报告，也有一万零三百人。这是宋与西夏战役中最惨的败仗，中外为之震撼。契丹乘这机会，蠢蠢欲动，次年便向宋朝提出割地的要求。宋朝只得增加岁币银十万两，绢十万匹（加原额三分之二），以为宽免割地的代价。经这一役的教训，韩琦只得接受范仲淹的清野固守政策。从此二人同心协力，作持久计。二人皆名重一时，人心归向，又皆号令严明，爱抚士卒，对近边的羌人部落，也推诚相与，恩威并用；士卒用命，羌人感畏，边境渐安。边民为之歌唱道：

> 军中有一韩，西贼闻之心胆寒！
> 军中有一范，西贼闻之惊破胆！

这两位使西贼"心胆寒""惊破胆"的大将可都不是雄赳赳的武夫，而是温雅雍容的儒者。那羌人尊称为"龙图老子"（因为他带"龙图阁直学士"衔）的范公，并且是一代的作手，他这时在军中的歌咏，为宋人所传诵的，兹录一首如下：

> 塞上秋来风景异，衡阳雁去无留意。四面边声连角起，千嶂

里，长烟落日孤城闭。

浊酒一杯家万里，燕然未勒归无计。羌管悠悠霜满地，人不寐，将军白发征夫泪。

宋朝虽守住了西北边境，却谈不到犁庭扫穴。因为宋取防堵的战略，需要兵力特别多。自对西夏用兵以来，禁军从四十余万增至八十余万，军队的维持费自然照这比率增加，而战时的非常支出还不算。政府虽把税收入增到无可再增（例如以较真宗景德时，商税酒税皆增四倍余，盐税增一倍余），仍不敷甚巨，只得把太祖太宗以来的储蓄，拿来支用。到西夏事定时，"百年之积，惟存空簿"了。朝廷

北宋政治家、文学家范仲淹

对元昊自始就没有关闭和平的路，只要罢兵称臣，在相当限度内，银绢是不吝惜的。元昊见宋边无隙可乘，又适值国内发生严重的天灾，便于庆历三年遣使来讲和。两方所争的只是元昊称呼，来使所持元昊的文书自称"男邦尼定国兀卒上书父大宋皇帝"。兀卒是他自取的名，意思是"我的祖宗"。继后他的文书，竟直用汉译作"吾祖"。但这不过是一种讨价的刁难，次年元昊便答应取消这个怪名，而对国内自称夏国主，对宋称臣，宋朝则答应每年"赐"他绢十万匹，银七万两，茶四万斤。和议成后四年，元昊因为占夺新娶的媳妇，为其子所杀，年四十六。

<h1 style="text-align:center">（三）</h1>

　　范仲淹自从读书应举时，便"以天下为己任"。他常说："士当先天下之忧而忧，后天下之乐而乐。"远在仁宗天圣三年，即元昊僭号之前十三年，当他任大理寺丞（年三十七，登进士第后十年）时，他已看见国家隐伏的危机，上书朝廷，倡言改革。书中最精警的一段道：

　　　　圣人之有天下也，文经之，武纬之，此二道者，天下之大柄也……相济而行，不可斯须而去焉。……《道经》曰："祸兮福所倚，福兮祸所伏。"又曰："防之于未萌，治之于未乱。"圣人当祸而知祸，在治而防乱。……我国家……自真宗皇帝之初，犹有旧将旧兵，多经战敌，四夷之患，足以御防。今天下休兵余二十载。昔之战者，今已老矣。今之少者，未知战事，人不知战，国不虑危，岂圣人之意哉？而况守在四夷，不可不虑。古来和好，鲜克始终。……今自京至边，并无关险。其或恩信不守，衅端忽作，戎马一纵，信宿千里。若边少名将，则惧而不守，或守而不战，或战而无功，再扣澶渊，岂必寻好？未知果有几将，可代长城？伏望圣慈……与大臣论武于朝，以保天下。先命大臣密举忠义有谋之人，授以方略，委以边任；次命武臣密举壮勇出群之士，任以武事，迁其等差……列于边塞，足备非常。……至于尘埃之间，岂无壮士？宜复唐之武举，则英雄之辈，愿在彀中。此圣人居安虑危之备，备而无用，国家之福也。

　　除了国防整顿外，仲淹于官吏的选任，人才的储养，直谏之奖励，文风浮薄之救正，君德之修省，皆有所规陈。但他这封富于预言性的奏书，竟未曾发生一点实际的影响。

庆历三年，当元昊使来，西事大定之后，仲淹被召入朝为枢密副使，旋任参知政事。一时朝野倾心属目。他于就职的次月，上了一封"万言书"条陈兴革事宜十项。这十项中除关于民生的两项（厚农桑，减徭役）外，其余大旨不出天圣三年的建议的范围，不过比从前更为周详，更为具体罢了。现在把其中比较最重要的六项归入四纲领，节述如下：（一）关于国防建设的，恢复唐朝的府兵制："先于畿内并近辅州府召募强壮之人，充京畿卫士，得五万人，以助正兵，足为强盛，三时务农……一时教战。……候京畿近辅召募卫兵已成次第，然后诸道效此渐可施行。"（二）关于民生的。（甲）厚农桑："请每岁之秋，降敕下诸路转运司，令辖下州军吏民各言农桑之间可兴之利，可去之害，或合开河渠，或筑堤堰坡塘之类，并委本州运选官计定工料，每岁于二月间兴役半月而罢，仍具功绩闻奏。"（乙）减徭役：省并户口虚少的县份，使这些县民繁重的徭役可以减轻（因人民须服役于县衙，县多户少，则役重）。（三）关于科举制度的："请诸路州郡有学校处奏举通经有道之士，专于教授，务在兴行。……重定外郡发解条约，须是履行无恶、艺业及等者方得解荐，更不弥封试卷。……其考较进士，以策论高、词赋次者为优等，策论平、词赋优者为次等。诸科，经旨通者为优等，墨义通者为次等。……进士，诸科，并以优等及第者放选注官，次等及第者守本科选限。"（四）关于用人行政的。（甲）明黜陟：是时成例，"文资三年一迁，武职五年一迁，谓之磨勘。……虽愚暗鄙猥，人莫齿之，而……坐至卿监丞郎者历历皆是"。仲淹请严定考绩之法，使无功不擢，有善必赏。（乙）抑侥幸：自真宗以后，恩荫愈滥，"两省至知杂御史以上每遇（三）年南郊并（每年）圣节（皇帝生日）各奏子充京官，少卿监奏一子充试衔……其大两省等官……复更（例外）每岁奏荐。……假有任学士以上官，经二十年者则一家兄弟子孙出京官二十人，仍接次升朝"。仲淹请废圣节恩荫之例，其余恩荫的优待，亦大加减损。

仲淹任参知政事不满一年，便在怨谤丛集之下，不安于位而去。他所提出的改革方案中，复府兵一项，因其他大臣一致反对，谈不到实施；变科举一项，已完全实行，但他去职后不久旧制又被恢复；其他各项，若不是未及着手，便是才开了一点端绪，便因他的去职而停息。他去职后，出巡西北边，其后历知州郡，八年而殁（公元一〇五三年），谥文正。

仲淹字希文，二岁丧父，其母携他改嫁长山（在今山东）朱氏。初从朱姓，名说。至二十九岁，给复本姓，定今名。年二十一，中"学究"科。继后读书于长山的山寺中，这时他的生活很清苦，每日煮一锅粥，划为四块，早晚取两块，加上几茎荠菜和一些盐便算一餐。年二十三，得知自己的身世，立即带着琴剑，离开朱家。其母派人追及他，他说："十年后，等我中了第，再来迎接母亲。"他投入南京（宋以商丘为南京）的府立学舍，在学舍中更加贫乏，有时连馐粥也不饱，夜间被盖不够，就和衣而睡。真宗巡幸南京，学舍生徒皆往观看，他独不出。南京留守的儿子和他同学，见他的情形和留守谈及，留守命人送了他好些肴馔，他收下，却一直等到腐败也不一动。留守的儿子问故，他说："并非不感谢厚意，可是食粥已久，安之若素，一旦享受了这嘉肴，以后吃粥还吃得下么？"年二十七，登进士第。初仕为广德军司理参军（法官），常为断狱事和郡长官争是非。长官每盛怒临他，他一点也不摇动，归去便把和长官往来辩论的话记在屏风上，等到满任，整副屏风都写满了。后来知开封府时，有一宦官，倚势作威，中外畏惧，他独抗疏弹劾；自知此事危险，疏上之后，嘱咐诸儿子，他若不幸，以后他们不可做官，但在他墓旁设馆，教书度日。他虽显贵，常以节约表率家人；非宴客，食不重肉。每夜就寝前，自计一日间自奉的费用和所做的事；若觉得两者可以相当，便熟睡，否则终夜不安，次日必设法做一有益于人的事以为抵补。他为次子娶妇，听说妇家以纱罗给她做帷幔，便怒道："罗绮岂是做帷幔之物？我家一向清俭，怎得乱我家法？若敢拿来我家，必把它当众烧掉。"他的起人景慕的遗闻轶事，可以写一本书，这里选择的只代表他的不移于贫贱，不淫于富贵，不屈于威武的性格，即孟子所谓"大丈夫"的性格。

仲淹死后八年，当仁宗嘉祐五年，王安石（时年四十）自江东提点刑狱，任满应召，赴阙也上了一封"万言书"，他也觉得国家的现状非变革不可，但他认为变法的先决问题是人才的问题。照他的人才的标准，这时无论在中央或在地方，在位或在野，都缺乏人才。"今以一路数千里之间，能推行朝廷之法令知其所缓急，而一切能使民以修其职事者甚少，而不才苟简贪鄙下人至不可胜数。……朝廷每一令下，其意虽善，在位者犹不能推行，使膏泽加于民，而吏辄缘之为奸，以扰百姓。"为什么人才这样缺乏呢？他以为由于"教之、养之、取之、任之"不得其道。什么是"教之"之道呢？他以为国家应自都城以至乡镇，遍设学校，凡优秀的青年都取入学校，由国家供养；严选教师，教以"朝廷礼乐刑政之事"。所谓"刑政"之事，包括军事。"先王之时，士之所学者文武之道也。士之才有……大小。……至于武事则随其才之大小无有不学者也。故其大者居则为六官之卿，出则为六军之将也。其次则比、闾、族、党之师，亦皆卒两师旅之帅也。"什么是"养之"之道呢？他以为国家于取入学校和仕于政府的士人，应当"饶之以财，约之以礼（自婚、丧、祭、养、燕享，以至服食器用皆有定制），裁之以法"。什么是"取之"之道呢？他说"取人必于乡党，于庠序，使众人推其所谓贤能，书之以告于上而察之，（试之以事）诚贤能也，然后随其德之大小，才之高下而官使之。"至于"任之"之道，则任期要久，职责要专，并待以严格的考绩之法。简单的说：要变法，积极方面当从政治和军事教育的普及化做起；消极方面当首先废除以文辞和记诵取士的科举制度。他认为这是逼切的需要。他警告仁宗以下面一类故事：

　　昔晋武帝，趣过目前而不为子孙长远之谋。当时在位亦皆偷合苟容，而风俗荡然，弃礼义，捐法制。上下同失，莫以为非。有识者固知其将必乱矣。而其后果海内大扰，中国列于夷狄者二百余年。

但他这封书的效果和三十五年前（天圣三年）范仲淹所上的那封书一样。

（四）

仁宗在位四十二年，无子，以从侄继，是为英宗。英宗在位四年，其子继，是为神宗。

神宗即位时才二十岁（以足岁计还未满十九岁）。他做皇子时，谦恭好学，优礼宾师，很得士林的称誉。他是感觉异常敏锐的人。他即位之初，和朝臣谈到太宗的死状，至于堕泪。他立志要兴振中国，收复燕云的失地，湔雪祖宗的耻辱。以稚年临御，承积弱之后，而发奋图强，在这一点上，他和汉武帝正相符同（他继位时比武帝长三四岁）。他一生的事业也似乎隐隐以武帝为榜样。但他的福命不如武帝：武帝寿六十九，他寿仅三十八。他所处的时代也和武帝所处的大不相同。武帝初年，当长期休息之后，公家的财力绰裕盈溢；而神宗即位时，不独府库虚竭，国计也濒于入不敷出了。武帝承景帝深文酷法、繁刑严诛的余风，其时主威赫铄，法为国是，令出必行；而宋太祖"誓不杀大臣及言事官"的家法和真、仁两朝过度的宽柔，浸假造成政治上一种变态的离心力；以敌视当权为勇敢，以反对法令为高超，以言事得罪为无上的光荣。政府每有什么出乎故常的施为，必遭受四方八面寻瑕抵隙的攻击，直至它被打消为止。范仲淹的改革就在这样的空气里失败的。英宗朝因为追尊皇帝本生父的名号的小小问题（即所谓"濮议"，英宗本生父原为濮王），笔舌的战争就闹得天翻地覆。到神宗即位时这种政治上的变态的离心力久已积重难返了。再者汉初去春秋战国"军事中心"的时代不久，尚武之风未泯，右文之政未兴，故将才易求，斗士易得，图强易效。宋初惩五季军人恣横之弊，一意崇文抑武，三衙实际的长官爵不过四品至六品，唐朝的武举制度也废而不行，军为世贱，士耻言兵，结果良将勇士，两皆寥落，神宗朝重大的战役，多委之宦者李宪，其时军事人材的缺乏可想见了。

神宗做皇子时，对王安石久已心仪神往。他即位时，安石方以前知制诰的资格，闲住在金陵。他正月即位，闰三月便命安石知江宁府，九月便命安石为翰林学士；其后三年间，安石遂历参知政事而至宰相。这王安石是江南西路临川县人。其父历知韶州及江宁府通判。他少年时代的优裕顺适和范仲淹恰成对照。据说他的"眼睛如龙"，读书过目不忘。他二十四岁便登进士第，本取第一，因赋卷中语犯忌讳改置第四。可是他一生从没有和人谈及这件得意的失意事。他的诗文在文学史上都属第一流，并且为当代文宗欧阳修深所心折。欧初识他时，赠他的诗有"翰林风月三千首，吏部文章二百年"之句，直以李白、韩愈相拟。他不独以文名，德行、政事也无不为侪辈所推服。他官知制诰时，他的夫人给他买了一个妾，那是当时达官应有的事。安石见了她，就问："那里来的女子？"答道："夫人叫我来伺候舍人的。"问她的来历：原来她的丈夫是一个军校，因运米损失，家产人官，还不够赔，便把她卖掉，得价九十万钱。安石立即命人把她的丈夫找来，让他们复为夫妇。他官知制诰后，居母丧，年已四十余，却尽极哀毁，在厅堂里以槁枯席地，坐卧其上。有一天，某知府给他送一封信，那差人看了他的样子，只当他是一个老仆，叫他递入内宅。他在槁席上拿了信就拆。那差人嚷骂道："舍人的信，院子也拆得的么？"左右告诉差人那就是舍人！他于书卷外，一切嗜欲都异常淡薄，对衣食住都漠不关心。后来毁他的人便说他"因首垢面而谈诗书"。他于荣禄也未曾表现过一点兴趣。宋朝的"养馆职"（"三馆"是国家的图书馆和史馆）是朝廷储才待用的机关，地位极清高，也是仕宦上进必由之路。照例进士名列前茅的，初仕任满后可以请求考试馆职。他却不去请求。再经两任（三年一任）外官之后，大臣荐他去考试馆职，他也不赴。再历一任外官之后，朝廷直接授他馆职，他也不就。再经一任外官之后，朝廷又授他以更高的馆职，他于屡辞之后，才勉强俯就。但他不是没有办事的才能。他在政治上的好处后来的史家极力埋没，但我们于他早年的政绩还可以找得一例：他知鄞县任满后，县人就给建立生祠。这样一个德行、文章、政事的全人，他在仕途他愈懒于进取，朝野的有心人愈盼望进取。当他给仁宗上"万言书"的时候，他久已声满天下。可是到了他由江宁知府，而翰林学士，而参知政事，而宰相，一直猛跳的时候；到了天爵和人爵极备于他一身的时候；先进和后进的同僚，包括那正人君子的领袖司马光，都不免对他侧目而视了。

（五）

我们读史有时可于异中见同。汉武帝初年，财政和军备都没有问题，所以他的事业的第一步就是开边；到了后来因兵事的耗费，财政不足，才施行新经济政策。神宗即位时的情形正正相反。所以他的事业的第一步是经济、军事，以至教育上种种建设和改革；后来这些兴革有了相当成就，才着手开边。两人事业的程序是"易地则皆然"的。

神宗在王安石的辅导下所行的新法，现在择其重要的，分经济、军事、教育三类，每类依颁行的次序述之如下。

一、经济

（甲）青苗法（熙宁二年九月颁布）　其法：各地方政府，每年二次举行放款，听人民自由请贷（第一等户每次所贷不得过钱十五贯，以下递减），半年为期，取息二分。这种贷款叫做"青苗钱"，因每年第一次散放是在苗青的时候。此法初行时，官吏邀功，每强迫富人称贷，这叫做抑配，后立法严禁。二分的利息，现在看来，似乎不轻，但在当时，因为通货稀少，民间的利息很高，以五分为常，甚至有一年倍本的。此法固然是政府的生财之道，也是感觉青黄不接之苦的农民的一大福音。以重利盘剥为业的豪强对此法的痛恨是很容易了解的，但司马光所代表的一班士大夫对此法之原则上的反对是比较不容易了解的。

（乙）农田利害条约（熙宁二年十一月颁布）　这法令原文的节略如下：

> 凡有能知土地所宜种植之法，及修复陂湖河港；或元天陂塘、圩埠、堤堰、沟洫，而可以创修；或水利可及众，而为人所擅有；或田去河港不远，为地界所隔，可以均济流通者。县有废田旷土，可纠合兴修。大川沟渎，浅塞荒秽，合行浚导。及坡塘堰埭，可以取水灌溉，若废坏可兴治者。各述所见，编为图籍，上之有司。其土田迫大川，数经水害；或地势汙下，雨潦所钟；要在修筑圩埠、堤防之类，以障水涝；或疏导沟洫、畎浍，以泄积水。县不能办，州为遣官。事关数州，具奉取旨。民修水利，许贷常平钱谷给用。

这法令的实效是：截至熙宁九年止，全国兴修的水利田共三十六万余项。但反对党在这事实下注上一句道："民给役劳扰。"

（丙）募役法（熙宁三年十二月颁布）　其法要点：是令本来有徭役义务的人民，输钱代替，这叫做"免役钱"；官户（即仕宦之家）、寺观、女户等等，本来没有徭役义务的也令出"助役钱"，其数比免役钱减半。免役和助役钱的征收率，按各地方政府雇役的需要和资产的等级（分五等）而定；于免役和助役钱的本项外，加征二分，叫做免役或助役宽剩钱，此款原定以备凶荒之用，后来解归国库。募役法对平民是有史以来一大解放，惟官户不免因之蒙受一点小小的损失，其遭受士大夫的反对是势有必至的。

募役法为安石经济政策中最先急的项目。安石曾对神宗说（熙宁四年二月）："今所以未举事者，凡以财不足，故臣以理财为方今先急，未暇理财而先举事，则事难济。臣固尝论天下事如弈棋，以下子先后当否为胜负，又论理财以农事为急，农以去其疾苦、抑兼并、便趣农为急，此臣所以汲汲于

北宋政治家、文学家、思想家王安石

差役之法也。"

（丁）市易法（熙宁五年三月颁布）　此即汉武帝时的平准法的扩大。平准法只行于京师，市易法则推行于京师以外。隶属于京师市易务的分支市易务，设置于下列各处：杭州，黔川（今四川彭水县），成都，广州，郓州（今山东东平县西北）。反对党反对此法的理由是："与商贾争利。"

二、军事

（甲）保甲法　　此法实即旧有乡兵制的改良和扩大，其实行有四个重要的步骤。第一步（熙宁三年十二月）：编民户十家为一保，五保为一大保，十大保为一都保；保有保长，大保有大保长，都保有都保正和副都保正，各选本组织内材勇为众所服的主户（地主或自耕农）人丁充当；家有两丁以上的，选一人为保丁，两丁以外的余丁亦选其壮勇的充保丁；每大保每夜轮派五人警盗，同保有犯强盗、杀人、放火等等重罪而知情不举的坐罪，保内有容留强盗三人以上过三日以上者，其邻舍虽不知情亦坐罪。此法先行于畿内，以次推及全国。第二步（熙宁四年）：奖励畿内保丁习武，每年于农隙分地举行会试，试骑步射法，上等的当授官职，以次至四等予赏有差。第三步（熙宁五年）：许畿内主户保丁"上番"（即赴各县巡检司服巡警之役），十日一换；月给口粮和薪菜钱。第四步（元丰二年至四年）：予保甲长及保丁以严格的武艺教练，先以禁军的教头教大保长，三年艺成，乃以大保长为教头，教保丁。此法先行于畿内，次及河北、河东、陕西三路。到了熙宁四年，这三路共有受训完毕的保丁约七十万人。第四步的开始施行已在王安石去位后三年。

与保甲法约略同时实行的是募兵的裁减，但所裁减的，厢兵居多（其数不详），禁兵较少。计禁军总数在英宗末年为六十六万余，在熙宁间为五十六万余，在元丰间为六十一万余。

在安石的军事计划中，保甲法原是恢复府兵制以代替募兵制的准备。在施行保甲法第一步之前，安石已与神宗讲论府兵之制，打算以渐复行之。关于此事，安石在所撰《熙宁奏对日录》中曾有记载，此书已佚（此书百二十卷为我国历史文件中稀有之宝，佚去太可惜，幸大部分已为李焘采入《续通鉴长编》中，但经删修，本来面目已失，惟宋人陈瓘《四明尊尧集》引五十余则，可于此见其内容一斑），兹据朱熹所引，摘录如下：

余……为上言募兵之害，终不可经久。金以为如此。

余曰：今养兵虽多，及用则患少，以民与兵为两故也。又五代祸乱之虞，终不能去；以此等皆本无赖奸猾之人故也。

上因问府兵之制曰：何处言府兵最备？

余曰：李邺侯传言之详备。

上曰：府兵与租庸调法相须否？

余曰：今上番供役，则以衣粮给之，则无贫富皆可以入卫出戍。虽未有租庸调法，亦可为也。但义勇不须刺手背。刺手背何补于制御之实？今既以良民为之，当以礼义奖养。刺手背但使其不乐，而实无补也。又择其乡间豪杰为之将校，量加奖拔，则人自悦服。今募兵为宿卫，乃有积官至刺史防团者。移此与彼，固无不可。况不至如此费官禄，已足使人乐为之。陛下审择近臣，使皆有政事之材，则他时可令分将此等军。今募兵出于无赖之人，尚可为军厢主，则近臣以上岂不可及此辈？此乃先王成法，社稷之大计也。

上良以为然。

随后安石即奏上记载唐府兵法最详的邺侯家传。此奏原稿曾为朱熹所藏。朱熹说："（予）独爱其纸尾三行，语气凌厉，笔势低昂，尚有以见其跨越古今、斡旋宇宙之意。疑此非小故也。"又说："抑公此纸，词气激烈，笔势低昂，高视一时，下陋千古，而版本文集所载，乃更为卑顺容悦之意，是必自疑其亢厉已甚，而抑损之，其虑深矣。然论其实似不若此纸之云，发于邂逅感触之初，尤足以见其胸怀本趣之为快也。夫以荆公之得神祖，可谓千载之一时矣，顾乃低徊若此，而犹未免有郁郁之怀。君臣之际，功名之会，呜呼难哉！"

神宗到底认府兵制为不可复行，故安石罢政后，不再谈及，其旨似以保甲为防守的辅助力，至战斗的主力仍任募兵。

（乙）保马法（熙宁五年，元丰七年）　此与汉武帝时之"马复令"（许人民养官马以减免徭役）相近，其法：于畿内及京东、京西、河北、河东、陕西五路许人民领官马自养，或领官钱买马自养，每户不过两匹；养官马之家，公家给以钱帛，并免除其捐税的一部分（后来畿内不给钱帛），同时养户自然得使用所养官马。属三等以上的养户十家为一保，属四等以下的养户十家为一社；一保之内，马有死者，十家共偿其值；一社之内，马有死者，十家共偿其值之半。后来又令京东、京西两路保甲户一律养马，而免除其教阅及此外若干保甲的职责。

（丙）更戍法的废除（熙宁七年至元丰四年）　更戍法本以防止兵为将有，但结果"兵不知将，将不知兵，临事应变，精神散漫，指挥不灵"；禁军之不振，这是其原因之一。神宗和安石有鉴于此，逐渐于各路的军略要地取消更戍法，而设置固定的驻防禁军，由固定的主将，就地训练。这种驻防军的设置，当时称为"置将"。"将"是当时军队新编制中的一种单位，一将约有三千人上下，仿佛现在的一师。

三、教育

（甲）变科举　　熙宁四年，罢进士以外的"诸科"（诸科是专考记诵的），令除曾应考"诸科"不第的人外，不得参加此种考试；增加进士的名额；进士试废诗赋，专用经义策论；所试群经，但取《易》《诗》《书》《周礼》《礼记》及《论语》《孟子》，而废弃旧有的《春秋》和《仪礼》（同时太学教授及经筵进讲亦废之）。

（乙）变学制，兴学校　　（1）宋初的太学只是品官子弟考"取解"（取解即取得应进士试的资格，平民在本州取解）的机关，有学校之名而无肄学之实。至仁宗皇祐末，在湖州大儒胡瑗的管领下，太学才成为一真正讲学的机关，但其时学生不过二百人，胡瑗去后，又渐复原状。神宗即位，增太学生额为三百人，后又增为九百人。熙宁四年分太学为三舍，外舍生无定员，新生充之（太学生仍限品官子弟）；外舍生经考选入内舍，内舍生额三百人，内舍生经考选入上舍，上舍生额百人；上舍生考取优等的荐于中书，授以官职。元丰二年，增太学生额外舍二千，内舍三百，上舍一百；规定除月考外，每年各舍总考一次，决定外、内舍生的升舍，上舍生的等第。上舍生考上等的等于进士及第，即授官职；中等的免进士的礼部试；下等的免取解。（2）仁宗庆历四年，当范仲淹为参知政事时，曾"令州各县皆立学（校），本路使者选部属官为教授，员不足，取于乡里宿学有道业者"。但当时诸州奉行的不多，其后又限旧时节度使所领州方得立学。熙宁四年，复令各路、州、府立学，每郡给田十顷以赡养学生。其后又派定诸路的州府学教授凡五十三员。（3）仁宗庆历间，胡瑗曾建议兴武学（即中央军官学校），朝议格而不行。熙宁五年始行其议。

（丙）三经新义的纂修和颁行　　所谓三经是《周官》《书经》《诗经》，新义始修于熙宁六年，颁行于八年，主纂的人物为王安石、其子王雱和安石最得力的助手吕惠卿。三经新义乃安石对付敌党的思想武器，也是他所谓"一道德、同风俗"的工具。自从新法开始颁行以来，所有元老重臣和清流名士一致反对；在朝的谤议汹起，在外任的百方阻挠，使新党辩护穷于辩护，神宗谪黜穷于谪黜。反对党的最后论据，可用三朝元老文彦博的话代表。熙宁四年三月，他论新法道："祖宗法制具在，不须更张，以失人心。"神宗问："更张法制，士大夫诚多不悦，但于百姓何所不便？"彦博道："为与士大夫治天下，非与百姓治天下也。"神宗和安石的坚毅到底战胜了一般士大夫的口舌，而贯彻了新法的推行。但为巩固国是的心理基础，他们不得不在经典中替新法找寻或制造理论的根据。三经新义便是这种工作的结果。群经中最可为新法掩护的莫如《周官》，故安石也特别推重《周官》。新义三种中唯独《周官》一种是安石亲自属笔的，也唯独此种流传至今。新义自从颁行以后，在五十余年间，除了短期的被掩蚀外，支配了整个的思想界：太学和州县学校用为主要的课本，科举考试用为绝对的准绳；新义以外，三经的一切其他注疏，都无人过问了。

后来宋朝贬斥王安石最力的学者也公认新义富于新颖而确当的解释，不容废弃。我们现在读《周官新义》，很容易注意到的却是安石解经的特殊作风，一种奇怪的拆字法。例如他解"遂"字道："豕八而辵则遂。"又例如他解"夫"字道："夫之字与天皆从一从大，夫者妻之天故也；天大而无上，故一在大上；夫虽一而大，然不如天之无上，故一不得在大上。"又例如他解"卿"字道："卿之字从𠂇，𠂇奏也；从卩，卩止也；左从𠂇，右从卩，知进止之意（卩𠂇古节奏字）；从皀，黍稷之气也，黍稷地产，有养人之道，其皀能上达；卿虽有养人之道而上达，然地类也，故其字如此。"在字形的渊源上都是毫无根据的。但安石确信这种拆字法不独可以得到造字的本意，并且可以得到一切关于人事和天道的重要真理。后来他应用这方法，著了一部二十四卷的字典，名曰《字说》。此书也曾经神宗颁行，其后来的作用和影响与三经新义等。此书可惜现在已佚，但从后人所引，还可以看见它的片段。撰此书时安石已罢政，但在书中还念念不忘统一思想；书中解"同"字道："彼亦一是非也，此亦一是非也，物之所以不同；冂一口，则是非同矣。"

以上分类略述神宗的新政见。此外还有一要项为这三类所不能包括的：即元丰三年新官制的颁行。这新官制的内容这里不能细述，大要是恢复唐代台省寺监的实权，而裁减宋朝在这组织外所加的上层机构。新制以尚书左右仆射同中书门下平章事为宰相，以尚书左右丞代替参知政事，枢密院仍保存。

（六）

神宗在熙宁七年以前对边境的经营，从是年三月间韩琦所上的一封奏疏可见大略。在这奏疏里他列举神宗所为足以引起契丹疑心的凡七事："高丽臣属北方，久绝朝贡，乃因商舶诱之使来，契丹知之，必谓将以图我，一也；强取吐蕃之地，以建熙河，契丹闻之，必谓行将及我，二也；遍植榆柳于西山，冀其成长，以制藩骑，三也；创团保，四也；河北诸州筑城凿池，五也；又置都作院，颁弓刀新式，大作战车，六也；置河北三十七将，七也。"

第二项所谓熙河，略当今甘肃洮河流域之地。此地东北邻接西夏，为羌族所分布，久属吐蕃。德安（江西）人王韶建议招降诸蕃部，抚有其地，以为图谋西夏的初步。先是王安石子王雱十三岁时，闻陕西边卒说洮河事，以为此可以规取，若西夏得之，则国家之患无穷。至是安石力赞王韶之说。神宗便派王韶主持开熙河事。王韶于熙宁四年到边，三年之间，剿抚兼施，并击败吐蕃军，遂定其地。有一次捷书到，神宗解所佩玉带赐安石，以赏其功。其后韶入朝，以宦者李宪继之，（史《宋史·韶传》）称韶"用兵有机略。临出师，召诸将授以指，不复更问。每战必捷。当夜卧帐中，前部遇敌，矢石已及，呼声振山谷，侍者股栗，而韶鼻息自如，人服其量"。韶因熙河功，擢枢密副使，后以与安石不协去职。

　　熙河抚定的次年，契丹忽然蠢动，侵入边境，并遣使来求割所据之地。上文所引韩琦的奏疏就是为此事而发的。宋与契丹往复谈判，经二年之久，至八年秋，神宗终用王安石"将欲取之必固与之"之说，割河东边地东西七百里以与契丹。

　　次年有交址之役。交址本先南汉节度州，南汉亡，名受宋册封，实自主。太宗时曾乘其内乱，遣军进取，无功而返。至是分三路入寇，陷邕、钦、廉等州，屠邕民五万八千。神宗命老将郭逵往讨，逵派别将收复失地，自领主力，攻其后路，进至富良江，交人以精兵乘船迎战，宋军砍树作炮机，发炮石如雨，尽坏敌船，又设伏邀击，杀敌数千并其王太子。交王恐惧乞降。而宋军八万昌暑行瘴地，也死亡过半。

　　神宗开边的第一个目标，原是西夏。自从庆历四年宋与西夏和议成后，西北的边境平静了二十余年。到英宗末年，西夏又开始寻衅。自此年至熙宁四年间（公元一〇六六至一〇七一年），西夏三次入寇，宋二次反击，互有胜负。但其中熙宁四年西夏最后一次的攻侵是大获胜利的。元丰四年夏，西夏内变，国主为母后所囚。神宗认为这是进攻西夏的最好时机。经三个月多的布置，然后发动。这一役的意义，从他八月底给熙河路军帅李宪和鄜延路军帅种谔的诏书可以看出。前一封诏书里说："今来举动，不同凡敌，图人百年一国，甚非细事。苟非上下毕力，将士协心，易以共济？须不惜爵赏，鼓励三军之气。……朝廷唯务灭贼，其他固无爱惜。"后一封诏书里说："朝廷昨于诸路大发师徒，本候齐集与逐路遣兵并力，择时鼓行，覆贼巢穴。"总之，神宗要一举荡平西夏，要把他十数年来富国强兵的成绩，作一次壮烈的表现。同知枢密院事孙固却不赞成此举，他以为"举兵易，解祸难"。神宗说："西夏有隙可乘，我不取，便为辽人所有，时机不可失。"其后孙固又对神宗说："现在五路进兵，却无总帅，即使成功，也怕有内乱。"神宗说："总帅确是难得合式的人。"知枢密院事吕公著道："既然没有合式的人，何不罢乎？"九月底，河东路军帅王中正（宦者）领兵六万自麟州出发；鄜延路种谔领兵九万三千自绥德城出发；环庆路高遵裕领兵八万七千自庆州出发；泾原路刘昌祚领兵三万自泾州出发；先是李宪已收复古兰州城，至是领本路及秦凤路军七军（数未详）并吐蕃兵三万自兰州出发；约定五路会师于兴、灵（兴州今宁夏省会，西夏首都；灵州今灵武县）。刘昌祚军首先到达灵州城下，高遵裕军继之，两军沿路皆有大捷。昌祚本受遵裕节制，而遵裕疾恶之，屡加凌悔。两军不协，围灵州城十八日不下，而饷道已断绝。夏人决水灌其营，乘其避水而追击之，宋军溃乱，死已无算，遂退。种谔沿无定河而进，连破银（今陕西米脂一带）、石（今地未详）、夏州（今陕西横山一带）；自夏州继进，粮饷断绝，又遇大雪，士卒死亡十之二三，溃散南奔的亦十之四五，遂退。王中正屠宥州城（今陕西靖边东），继进，粮尽，士卒死二万人，遂退。李宪东进至泾原边境，稍有斩获，时诸路已退，亦于十一月中奉诏撤归熙河。是役，西夏的战略是坚壁清野，纵敌人深入，而聚精兵保兴、灵，以轻骑抄截敌人的饷道。是役，宋军虽不能达到原来的目的，却恢复了沦陷百余年的银、夏、宥等州。这新占领区的设防是一大问题。次年秋，经边将对这问题反复讨论后，神宗决定建筑永乐城（今陕西米脂西北）。这城才建筑成，西夏便派三十万大军来攻夺。这城依山，下临无定河。城中无泉无井，给水全靠城外。既被包围，临渴掘井，得到井水，只够将领之用。兵士绞马粪汁充饮，渴死大半。而援兵和馈饷皆为敌人所阻截。城遂陷。将校死数百人，兵士和伕役死二十余万人；辎重的损失，不可计算。神宗得讯，悲愤不食，临朝痛哭。他想到吕公著和孙固的话，有点后悔了。

（七）

我们若更把神宗和汉武帝作一对比，则永乐之役恰相当于征和三年贰师之役。后者是武帝一生事业的收场，前者是神宗一生事业的收场。贰师之役后三年而武帝死，永乐之役后也恰恰三年而神宗死。神宗死后一年余王安石亦死。

安石自熙宁三年秒进位宰相后，诋诬怨谤，矢集一身，平背亲交，尽成政敌。似乎为减少新法的阻力计，并为劳极少休计，他于七年四月，请求解职，奉六上乃得请，归居金陵。临去，他荐吕惠卿等自代（惠卿旋擢参知政事），并答应他日可以重来。次年二月，神宗召他复位，他即兼程而至。但复位不到两年，便又坚请退休，从此不复问政。他最后告退的原因，是宋史的一个谜。据反对党的记载，那是因为他和吕惠卿起了内哄，惠卿把他的私信中有一封说过"毋使上知"的，缴呈神宗，神宗从此对他失了信任，他不得不去。安石复位后不久，便与惠卿失和，那是事实，但发私书一事，并无确据。安石与惠卿交恶的原因也是宋史的一个谜。这一段历史安石在《熙宁奏对日录》的后四十卷中原有详细的记载，但这四十卷给他的女婿蔡卞抽毁掉，不传于世。据吕惠卿家传（李焘引），二人的冲突是由于安石恶惠卿擅政，改了他所定的三经新义，并听信了左右的谗间。这当然只是一面之辞。至于安石引退的原因，我们在加以推测时，不可忘却此事前三个月他所受的一生最大的打击：他的独子王雱的英年（卅三）摧折。这时他已五十六岁了。他退休后隐居金陵十年而死。

> 自古英雄亦苦辛！行藏端欲付何人？
> 当时黮闇犹承误，末学纷纭更乱真。
> 糟粕所存非粹美，丹青难写是精神。
> 区区不尽高贤意，独守千秋纸上尘。

从安石这首诗看来，他身后的遭遇，自己是预料到的。

安石死迟神宗一年余是他的大不幸。神宗死后，长子（即哲宗）继位，年才十岁，太皇太后（英宗后高氏）垂帘听政。她一向是司马光的同志，认祖宗家法为神圣不可侵犯的；她一听政，便开始废除新法，旋起用司马光。一

个被宫墙圈禁了五十年的老妇人（她是自幼养在宫中的）和一个被成见圈禁了
二十年的老绅士，同心合力，挥着政治的锄头，期年之间，硬把神宗和安石
辛苦营构的成绩芟除得根株尽绝。

（第一至四小节原载《思想与时代》月刊第5期，1941年12月；第五至
七小节原载《思想与时代》月刊第6期，1942年1月）

明朝的盛衰

吕思勉

明太祖起于草泽，而能铲除胡元，戡定群雄，其才不可谓不雄。他虽然起于草泽，亦颇能了解政治，所定的学校、科举、赋役之法，皆为清代所沿袭，行之凡600年。卫所之制，后来虽不能无弊，然推原其立法之始，亦确是一种很完整的制度，能不烦民力而造成多而且强的军队。所以明朝开国的规模，并不能算不弘远。只可惜他私心太重。废宰相，使朝无重臣，至后世，权遂入于阉宦之手。重任公侯伯的子孙，开军政腐败之端。他用刑本来严酷，又立锦衣卫，使司侦缉事务，至后世，东厂、西厂、内厂遂纷纷而起。（东厂为成祖所设，西厂设于宪宗时，内厂设于武宗时，皆以内监领其事）。这都不能不归咎于诒谋之不臧。其封建诸子于各地，则直接引起了靖难之变。

明初的边防，规模亦是颇为弘远的。俯瞰蒙古的开平卫，即设于元之上都。其后大宁路来降，又就其地设泰宁、朵颜、福余三卫。泰宁在今热河东部，朵颜在吉林之北，福余则在农安附近。所以明初对东北，威倰远瞻。其极盛时的奴儿干都司设于黑龙江口，现在的库页岛，亦受管辖。（《明会典》卷一〇九：永乐七年，设奴儿干都司于黑龙江口。清曹廷杰《西伯利亚东偏纪要》说庙尔以上250余里，混同江东岸特林地方，有两座碑：一刻《敕建永宁寺记》，一刻《宣德六年重建永宁寺记》，均系太监亦失哈述征服奴儿干和海中苦夷之事。苦夷即库页。宣德为宣宗年号，宣德六年为公元1431年）。但太祖建都南京，对于北边的控制，是不甚便利的。成祖既篡建文帝，即移都北京。对于北方的控制，本可更形便利。确实，他亦曾屡次出征，打破鞑靼和瓦剌。但当他初起兵时，怕节制三卫的宁王权要袭其后，把他诱执，而将大宁都司，自今平泉县境迁徙到保定。于是三卫之地，入于兀良哈，开平卫势孤。成祖死后，子仁宗立，仅一年而死。子宣宗继之。遂徙开平卫于独石口。从此以后，宣、大就成为极边了。距离明初的攻克开平，逐去元顺帝，不过60年。明初的经略，还不仅对于北方。安南从五代时离中国独立，成祖于1406年，因其内乱，将其征服，于其地设立交趾布政使司，同于内地。他又遣中官郑和下南洋，前后凡七次。其事在1405至1433年之间，早于欧人的东航有好几十年。据近人的考究：郑和当日的航路，实自南海入印度洋，达波斯湾及红海，且拂非洲的东北岸，其所至亦可谓远了。史家或说：成祖此举，是疑心建文帝亡匿海外，所以派人去寻求的。这话亿度而不中情实。建文帝即使亡匿海外，在当日的情势下，又何能为？试读《明史》的外国传，则见当太祖时，对于西域，使节所至即颇远。可见明初的外交，是有意沿袭元代的规模的。但是明朝立国的规模，和元朝不同。所以元亡明兴，西域人来者即渐少。又好勤远略，是和从前政治上的情势不相容的，所以虽有好大喜功之主，其事亦不能持久。从仁宗以后，就没有这种举动了。南方距中国远，该地方的货物，到中原即成为异物，价值很贵；又距离既远，为政府管束所不及，所以宦其地者率多贪汙，这是历代如此的。明朝取安南后，还是如此。其时中官奉使的多，横暴太甚，安南屡次背叛。宣宗立，即弃之。此事在1427年，安南重隶中国的版图，不过22年而已。自郑和下南洋之后，中国对于南方的航行，更为熟悉，华人移殖海外的渐多。近代的南洋，华人实成为其地的主要民族，其发端实在此时。然此亦是社会自然的发展，得政治的助力很小。

　　明代政治的败坏，实始于成祖时。其（一）为用刑的残酷，其（二）为宦官的专权，而两事亦互相依倚。太祖定制，内侍本不许读书。成祖反叛时，得内监为内应，始选官入内教习。又使在京营为监军，随诸将出镇。又设立东厂，使司侦缉之事。宦官之势骤盛。宣宗崩，英宗立，年幼，宠太监王振。其时瓦剌强，杀鞑靼酋长，又胁服兀良哈。1449年，其酋长也先入寇。王振贸然怂恿英宗亲征。至大同，知兵势不敌，还师。为敌军追及于土木堡，英宗北狩。朝臣徐有贞等主张迁都。于谦力主守御。奉英宗之弟景帝监国，旋即位。也先入寇，谦任总兵石亨等力战御之。也先攻京城，不能克，后屡寇边，又不得利，乃奉英宗归。大凡敌兵入寇，京城危急之时，迁都与否，要看情势而定，敌兵强，非坚守所能捍御，而中央政府，为一国政治的中心，失陷了，则全国的政治，一时要陷于混乱，则宜退守一可据的据点，徐图整顿。在这情势之下，误执古代国君死社稷之义，不肯迁都，是要误事的，崇祯的已事，是其殷鉴。若敌兵实不甚强，则坚守京城，可以振人心而作士气。一移动，一部分的国土，就要受敌兵蹂躏，损失多而事势亦扩大了。瓦剌在当日形势实不甚强，所以于谦的主守，不能不谓之得计。然徐有贞因此内惭，石亨又以赏薄怨望，遂结内监曹吉祥等，乘景帝卧病，闯入宫中，迎英宗复辟，是为"夺门"之变。于谦被杀。英宗复辟后，亦无善政。传子宪宗，宠太监汪直。宪宗传孝宗，政治较称清明。孝宗传武宗，又宠太监刘瑾，这不能不说是成祖恶政的流毒了。明自中叶以后，又出了三个昏君。其（一）是武宗的荒淫。其（二）是世宗的昏愦。其（三）是神宗的怠荒。明事遂陷于不可收拾之局。武宗初宠刘瑾，后瑾伏诛，又宠大同游击江彬，导之出游北边。封于南昌的宁王宸濠，乘机作乱，为南赣巡抚王守仁所讨平，武宗又借以为名，出游江南而还。其时山东、畿南群盗大起，后来幸获敉平，只可算得徼幸。武宗无子，世宗以外藩入继。驭宦官颇严，内监的不敢恣肆，是无过于世宗时的。但其性质严而不明，中年又好神仙，日事斋醮，不问政事。严嵩因之，故激其怒，以入人罪，而窃握大权，政事遂至大坏。其时倭寇大起，沿海七省，无一不被其患，甚至沿江深入，直抵南京。北边自也先死后，瓦剌复衰，鞑靼部落入据河套，谓之"套寇"。明朝迄无善策。至世宗时，成吉思汗后裔达延汗复兴，击败套寇，统一蒙古。达延汗四子，长子早死。达延汗自与其嫡孙卜赤徙牧近长城，称为插汉儿部，就是现在的察哈尔部。次子为套寇所杀。三子系征服套寇的，有两子：一为今鄂尔多斯部之祖，亦早死。一为阿勒坦汗，《明史》称为俺苔，为土默特部之祖。第四子留居漠北，则为喀尔喀三部之祖。（车臣，上谢图，札萨克图。其三音诺颜系清时增设）。自达延汗以后，蒙古遂成今日的形势了，所以达延汗亦可称为中兴蒙古的伟人。俺苔为边患是最深的。世宗时，曾三次入犯京畿。有一次，京城外火光烛天，严嵩竟骗世宗，说是民家失火，其蒙蔽，亦可谓骇人听闻了。世宗崩，穆宗立，未久而死。神宗立，年幼，张居正为相。此为明朝中兴的一个好机会。当穆宗时，俺苔因其孙为中国所得，来降，受封为顺义王，不复为边患。插汉儿部强盛时，高拱为相，任李成梁守辽东，戚继光守蓟镇以敌之。成梁善战，继光善守，张居正相神宗，益推心任用此二人，东北边亦获安静。明朝政治，久苦因循。张居正则能行严肃的官僚政治。下一纸书，万里之外，无敢不奉行惟谨者，所以吏治大有起色。百孔千疮的财政，整理后亦见充实。惜乎居正为相不过10年，死后神宗亲政，又复昏乱。他不视朝至于20余年。群臣都结党相攻。其时无锡顾宪成，居东林书院讲学，喜欢议论时政，于是朝廷上的私党，和民间的清议，渐至纠结而不可分。神宗信任中官，使其到各省去开矿，名为开矿，实则藉此索诈。又在穷乡僻壤，设立税使，骚扰无所不至。日本丰臣秀吉犯朝鲜，明朝发大兵数十万以援之，相持凡7年，并不能却敌，到秀吉死，日本兵才自退。神宗死后，熹宗继之。信任宦官魏忠贤，其专横又为前此所未有。统计明朝之事，自武宗以后，即已大坏，而其中世宗、神宗，均在位甚久。武宗即位，在1506年，熹宗之死，在1627年，此122年之中，内忧外患，迭起交乘，明事已成不可收拾之局。思宗立，虽有志于振作，而已无能为力了。

鸦片战争

吕思勉

鸦片战争，是打破中国几千年来闭关独立的迷梦的第一件大事。其祸虽若天外飞来，其实酝酿已久，不过到此始行爆发罢了。

中英通商问题，种种镠轕，已见第五章。英国在中国的贸易，自一七八一年以后，为东印度公司所专。至一八三四年才废。公司的代理人，中国谓之大班。公行言"散商不便制驭，请令其再派大班来粤"。粤督卢坤奏请许之。于是英人先派商务监督，后派领事前来，而中国官吏，仍只认为大班，不肯和他平行交接。于是英领事义律，上书本国，说要得中国允许平等，必须用兵；而中英之间，战机就潜伏着了。而其时适又有一鸦片问题，为之导火线。

鸦片是从唐代就由阿拉伯人输入的。但只是做药用。到了明代，烟草从南洋输入，中国人开始吸食，其和以鸦片同熬的，则称为鸦片烟，才成为嗜好品。当时鸦片由葡萄牙人输入，每年不过二百箱。而吸食鸦片烟，则当一七二九年之时，已有禁例。自英国东印度公司，垄断在中国的贸易后，在印度地方，广加栽种，而输入遂多。乾隆末年，粤督奏请禁止入口。嘉庆初年，又经申明禁令。鸦片自此遂成为无税的私运品，输入转见激增。海关每年，漏银至数千万两之巨。不但吸食成瘾，有如刘韵珂所说："黄岩一邑，白昼无人，竟成鬼市。"林则徐所说："国日贫，民日弱，十余年后，岂唯无可筹之饷，亦且无可用之兵。"未免不成样子。而银是中国的货币，银价日贵，于财政、经济关系都是很大的。所以至道光之世，而主张禁烟的空气，骤见紧张。

当时内外的议论，都是偏向激烈的。只有太常寺卿许乃济一奏，较为缓和。宣宗令疆臣会议，覆奏的亦多主张激烈。而一八三八年，鸿胪寺卿黄爵滋奏请严禁的一疏尤甚。于是重定禁例，而派林则徐以钦差大臣，驰赴广东，查办海口事件。

则徐既至粤，强迫英商，交出鸦片二万零二百八十三箱，悉数把它焚毁。又布告各国：商船入口，都要具"夹带鸦片，船货充公，人即正法"的甘结，各国都愿遵照。唯英领事义律不可。则徐遂命沿海断绝英人接济。时英国政府，尚未决定对中国用兵；而印度总督，遣军舰两艘至澳门。义律大喜。以索食为名，炮击九龙。时则徐在沿海亦已设防，英人不得逞。乃请葡萄牙人出而转圜，请删甘结中"人即正法"一语，余悉如命。则徐仍不许。时英议会中，亦分为强硬缓和两派。然毕竟以九票多数，通过"对中国此前

中英第一次鸦片战争

的损害，要求赔偿；对英人此后的安全，要求保证"。时为一八四〇年四月。于是英人调印度、好望角的兵一万五千人，命伯麦和加至义律统率前来，而中、英的兵衅遂启。

英兵既至，因广东有备，转攻厦门。亦不克。乃北陷定海。投英国巴里满致中国首相的书。浙江巡抚不受，乃转赴天津。清宣宗是个色厉而内荏的人。遇事好貌为严厉，而对于事情的本身，实在无真知灼见。又没有知人之明。所以其主意很易摇动。当时承平久了，沿海各省都无备，疆臣怕多事，都不悦林则徐所为，乃造蜚语以闻于上。于是朝意中变。命江督伊里布赴浙江访致寇之由。又谕沿海督抚：洋船投书，许即收受驰奏。时林则徐已署理粤督，旋革其职，遣戍伊犁，而命琦善以钦差大臣赴粤查办。

琦善既至，尽撤林则徐所设守备。时加至义律有疾，甲必丹义律代当谈判之任。琦善一开口，就许偿烟价二百万。义律见其易与，又要求割让香港。琦善不敢许。义律就进兵，陷沙角、大角两炮台。副将许连升战死。琦善不得已，许开广州，割香港。英兵乃退出炮台。朝廷闻英人进兵，大怒。命奕山以靖逆将军赴粤剿办。英人遂进陷横当、虎门两炮台。提督关天培又战死，奕山既至，夜袭英军，不克。城外诸炮台尽陷。全城形势，已落敌人手中。不得已，乃令广州知府余葆纯缒城出见英人。许偿军费六百万，尽五天之内交出。而将军率兵，退至离城六十里之处。英兵乃退出虎门。奕山乃冒奏："进剿大挫凶锋，义律穷蹙乞抚，唯求照旧通商，永遵不敢售卖鸦片。"而将六百万之款，改称商欠。朝廷以为没事了。而英人得义律和琦善所订的《草约》，以为偿款太少，对于英人此后之安全，更无保证，乃撤回义律，代以璞鼎查。续调海军东来，于是厦门、定海，相继陷落。王锡朋、郑国鸿、葛云飞三总兵，同日战死。英兵登陆。陷镇海。提督余步云遁走。江督裕谦，时在浙视师，自杀。英军遂陷宁波。清廷以奕经为扬威将军，进攻，不克。而英人又撤兵而北。入吴淞口。陷宝山、上海。又进入长江，陷镇江，逼江宁。清廷战守之术俱穷，而和议以起。

先是伊里布因遣家人张喜，往来洋船，被参奏，革职遣戍。至是，乃用他和耆英为全权大臣，和璞鼎查在江宁议和。订立条约十三款。时为一八四二年八月二十九日。是为中国和外国订立条约之始。约文重要的内容：

（一）中国割香港予英。

（二）开广州、厦门、福州、宁波、上海五口，许英人携眷居住，英国派领事驻扎。

（三）英商得任意和华人贸易，毋庸拘定额设行商。

（四）进出口税则，秉公议定，由部颁发晓示。英商按例纳税后，其货物得由中国商人，遍运天下，除照估价则例加收若干分外，所过税关，不得加重税则。

（五）英国驻在中国的总管大员，与京内外大臣，文书往来称照会，属员称申陈，大臣批复称札行。两国属员往来，亦用照会，唯商贾上达官宪仍称禀。

这一次条约，和英国巴里满所要求的，可以说是无大出入。总而言之，是所以破此前（一）口岸任意开闭，（二）英人在陆上无根据地，（三）税额繁苛，（四）不许英官和中国平行之局的。

五口通商的条约，可说是中国人受了一个向来未有的打击。当时的不通外情，说起来也真可笑。当时英人进犯鸡笼，因触礁，有若干人为中国所获。总兵达洪阿和兵备道姚莹奏闻。廷寄乃命其将"究竟该国地方，周围几许？所属之国，共有若干？其最为强大，不受该国统束者，共有若干人？英吉利至回疆各部，有无旱路可通？平素有无往来？俄罗斯是否接壤？有无贸易相通？……"逐层密讯，译取明确供词，据实具奏。在今日看起来，真正可笑而又可怜了。而内政的腐败，尤可痛心。当时广东按察使王廷兰，写给人家的信，说："各处调到的兵，纷扰喧呶，毫无纪律。互斗杀人，教场中死尸，不知凡几。"甚而至于"夷兵抢夺十三洋行，官兵杂入其中，肩挑担负，千百成群，竟行遁去。点兵册中，从不闻清查一二"。又说，从林则徐查办烟案以来，"兵怨之，夷怨之，私贩怨之，莠民亦怨之，反恐逆夷不胜，则前辙不能复蹈"。而刘韵珂给人家的信，亦说："除寻常受雇，持刀放火各犯外，其为逆主谋，以及荷戈相从者，何止万人？"人必自侮而后人侮之，这真可使人悚然警惧了。然而仅此区区，何能就惊醒中国人的迷梦？

太平军成败及清之兴衰关系

孟森

　　洪秀全举事无成，既经官军戡定，一切记述，自多丑诋。然改元易服，建号定都，用兵十余省，据守百余城，南北交争，居然敌国，论者以为必有致此之道。于是求辑太平天国事实者甚夥。所得之遗文断简，乃无非浅陋之迷信，不足以自欺而偏欲以欺人。孩稚学语之文，拘忌舛改之字，无有足以达政治之理想，动民众之观听者。则所谓马上得之马上治之，纵有戡乱之具，终无济治之能者也。其戡乱之具，第一能军，官书所载，反有可观，但须省其丑诋之词耳。其次以军法部勒民事，颇与三代寓兵于农暗合，但未能于民事有所究心。民政非如军政，一定制即可收效。至其颓败，则李秀成被获后之口供，颇有可采。

　　秀成亦籍粤西，与陈玉成皆为太平之后起用事者。咸丰三年，陷金陵，定为都，大封拜。时固未有秀成与玉成也。玉成有叔承镕，为金田起时旧目。玉成以幼故，未任战事。至咸丰四年，向荣军方驻攻金陵，太平诸将四出图解围，乃有玉成上犯武汉，秀成与其从弟侍贤犯江西福建之举。是时玉成为十八指挥，秀成为二十指挥，盖偏裨耳。六年，金陵内乱，杨秀清、韦昌辉相戕俱毙，萧朝贵、冯云山、洪大全俱早被擒杀，石达开又自离，秀成与玉成始用事，支柱太平军事最勤且久。玉成尚前死于苗练，秀成则金陵破后，手絜幼主出城，而后就获。盖以马与幼主，己则恃乡民相怜，匿民家图观望，为萧孚泗亲兵王三清所搜得，此亲兵旋为乡民捉而杀之，投诸水以为秀成报怨。其能结人心如是。既入囚笼，次日又擒松王陈德风，见秀成犹长跪请安，其能服将士如是。国藩因此二事，不敢解京，讯得秀成亲供四万余字，即以七月初六日斩之。当时随折奏报之亲供，相传已为国藩删削，今真本尚在曾氏后人手，未肯问世。或其中有劝国藩勿忘种族之见，乘清之无能为，为汉族谋光复耶？闻亲供原稿尚存之说甚确，今但能就已行世者节采，稍证太平军自伐自亡之故。

咸丰九年十二月，玉成自江浦回援安庆，秀成独屯浦口。时金陵困急，援兵皆不至，秀成以玉成兵最强，请加封王号寄阃外。秀全乃封玉成英王，赐八方黄金印，便宜行事。玉成虽专阃寄，然威信远不如秀成，无遵调者。李世忠者，本天长捻首，名兆受，或作昭寿，上年以城降清，授以参将，屯近浦口，致书秀成，言："君智谋勇功，何事不如玉成？今玉成已王，君尚为将，秀全愦愦可知。吾始反正，清帝优礼有加。君雄才，胡郁郁久居人下？盍从我游。"太平朝内官兵部尚书莫仕葵，以勘军至秀成营，书落其手，大惊，示秀成。秀成曰："臣不事二君，犹女不更二夫。昭寿自为不义，乃欲陷人！"仕葵曰："吾知公久矣。"乃代奏之。秀全命封江阻秀成兵，并遣其母妻出居北岸，止其南渡。仕葵曰："如此则大事去矣。"偕蒙得恩、林绍璋、李春发入宫劝谏，曰："昭寿为敌行间，奈何堕其计，自坏长城？京师一线之路，赖秀成障之。玉成总军数月，不能调一军，其效可睹矣。今宜优诏褒勉，以安其心。臣等愿以百口保之。"秀全遽召秀成入，慰之曰："卿忠义，误信谣传，朕之过也。卿宜释怀，戮力王室。"即封为忠王荣千岁。太平自杨韦构杀，秀全以其兄弟仁发等主政，甥幼西王萧有和尤所倚任，以一将畜秀成，不与闻大计。至是晋爵为王，以秀全任己渐专，不料其疑己也。浦口当金陵咽喉要地，迫于清军，粮援又无措，南渡时见秀全问计，秀全语以事皆天父排定，奚烦计处，但与仁发等谋。留秀成助守金陵，秀成曰："敌以长围困我，当谋救困。俱死无益。"乃袭浙江以分江南大营力，是为明年春杭州失陷之第一次。秀成为解金陵围计，弃杭州不守，而和春果奔命，以致败死。九年之末，秀全更大封诸王。当秀全初定金陵都，一切文武之制，悉由秀清手定，规模甚盛。正殿为龙凤殿，即朝堂。有议政议战大事，鸣钟击鼓，秀全即升座，张红幓，诸王，丞相两旁分坐，依官职顺列，诸将侍立于后。议毕，鸣钟伐鼓退朝，是为第一尊严之所。第二则说教台，每日午，秀全御此，衣黄龙袍，冠紫金冕，垂

太平天国钱币

三十六旒，后有二侍者，持长旗，上书天父、天兄、天王、太平天国。台式圆，高五丈，阶百步。说教时，官民皆入听，有意见亦可登座陈说。文从左上，武从右上，士民由前后路直上，立有一定之位。第三则军政议事局，乃军事调遣、粮饷器械总登所。秀全自为元帅，东王为副元帅，北王、翼王为左右前军副元帅，六官左右副丞相为局中管理各科员，中分军马、军粮、军机、军衣、军帐、军船、军图、军俘、军事诸科。又有粮饷转运局、文书管理局、前锋告急局、接济局，皆属军政议事局内，以六官左右副丞相领之。其最尊者为军机会商局长，以东王领之。遇有战事，筹划一切，东王中坐，诸王丞相天将左右坐立，各手地图论形势，然后出师。秀清在日所定所行如此。

秀清为秀全所图，东、北两王同尽，翼王继东王领军机会商局长。翼王脱离去，秀成领之。后东入苏、杭，此局遂虚设。内讧以后，人心解体已久，秀全以不次超擢，冀安诸将心，自此几无人不王，转以王号摄行丞相、天将之职，各持一军，势不相下。可以调遣诸王者，秀成分拥东下之众，其与金陵犄角者，仅玉成一人在诸将上，能呼召救急。故八年以前，太平军攻守互用，八年以后，不过用攻以救守，遂至日危，以底于亡。十年闰三月，

秀成、玉成既解金陵围，声势大张。秀全之旁，只有亲贵揽权嫉功，政事既不问，军中有功亦不及奖叙，只教人认实天情，升平自至。仁达、仁发嗾秀全下严诏饬秀成，限一月取苏、常。秀成果取之，遂以苏州为份地，不恒入朝矣。秀成踞苏，改北街吴氏复园为王府。入城十有一日，而后出示安民。后苏人习于秀成，盛称秀成不嗜杀，盖较之他被难区，尚为彼善于此。由苏入浙，势如破竹，而奉秀全命趣还江宁，令经营北路。秀成鉴林凤祥、李开芳之失，未敢轻举，而江西、湖北匪目具书来降，邀其上窜，自称有众十万备调遣，秀成允之，留陈坤书守苏州，自返江宁，请先赴上游，招集各股，再筹进止。秀全责其违令，秀成坚持不从，秀全亦无奈何，乃定取道皖南上犯江、鄂之计。方是时，秀成与江宁诸将领议曰："曾国藩善用兵，非向、张比，将来再困天京必此人。若皖省能保，犹无虑。一旦有失，京城即受兵。应预谋多蓄粮为持久计。"秀全闻之，责秀成曰："尔怕死！我天生真主，不待用兵而天下一统，何过虑！"秀成叹息而出，因与蒙得恩、林绍章等议，劝自王侯以下，凡有一命于朝者，各量力出家财，广购米谷储公仓，设官督理之。侯阙乏时，平价出粜，如均输故事，以为思患预防之计。洪仁发等相谓曰："此亦一权利也。"说秀全用盐引牙帖之法，分上中下三等贩米，售帖即充枢府诸王禄秩，无须报解，稍提税入公，大半充洪氏诸王私橐。商贩无帖以粒米入城者，用私贩论罪。洪氏诸王擅售帖利，上帖售价贵至数千金。及贩至下关，验帖官皆仁发辈鹰犬，百端挑剔，任意勒索，商渐裹足。而异姓王侯因成本加重，米价昂，不愿多出资金，米粮反绝。秀成请废洪氏帖，秀全以诘仁发，仁发谓"恐奸商借贩米为名，私代清营传递消息。设非洪氏，谁能别其真伪。我兄弟辈苦心所以防奸，非罔利也"。秀全信之，置不问；秀成愤愤然去。及安庆围急，玉成赴救不利，分兵窜鄂，以图掣围师。秀成叹其误，谓湘军决不舍安庆，长江为官军水师所独擅，运道无梗，非后路所能牵掣，于昔时攻浙以误和春往救，遂陷江南大营者，敌之坚脆不同。后玉成卒败走死，秀成顿足叹无为助矣。金陵食粮，昔时江南、北皆有产米之地，太平军禁令严明，新得之土，民得耕种。江南米出芜湖金柱关，江北米出和州裕溪谷，皆会于金陵。自湘军逼攻，耕农已废，沿江各隘复尽失，不待合围，已足制其死命。军令既弛，营垒草率，无复旧规。封王至九十余人，各争雄长，败不相救。当时知无幸，献城归降者日多。至同治二年冬，苏州已为清军所复，秀成潜入江宁围城中，劝秀全出走，图再举。秀全侈然高座曰："我奉天父、天兄命，为天下万国独立真主，天兵众多，何惧之有！"秀成又曰："粮道已绝，饿死可立待。"秀全曰："食天生甜露，自能救饥。"甜露，杂草也。秀全既恋巢，而诸王闻秀成谋回粤，后入党之湘、皖等籍者皆沮之，遂坐而待亡。城未下，秀全先自尽。幼主有从亡之臣，遗臣亦多并命不悔。失国之状，似尚较清末为优，则知清代之自域于种族之见，正自绝于华夏之邦也。

太平军事以前，清廷遇任何战役，皆不使汉人专阃寄。至烧烟一案，能却敌者皆汉臣，辱国者皆旗籍，然必遣立功之汉臣，以袒旗员。西人固无意于战，以利啖之即止，此固旗人所优为也。太平军则与清无两立之势，不用汉臣，无可收拾，始犹欲以赛尚阿充数，后已知难而退，一委湘军。间有能战数旗员，皆附属于曾、胡两师之下。若塔齐布为曾文正所手拔，固不必言；都兴阿用楚军，始能自立；多隆阿与湘军将领习处，得显其战绩；舒保为胡文忠所识拔，皆以旗员从汉将之后，乃始有功。惟官文职位较高，胡文忠极笼络之，使惟己之命是听，方不掣肘。金陵既下，文正且推使奏捷领衔，极保向来清廷重满轻汉故习，乃未几为文正弟忠襄所劾而去。文正能容此庸劣，忠襄竟不能忍，而朝命亦竟听之，尊汉卑满，前所未有。是满族气数已尽之明验也。乃事定之后，纵容旗人如故，保持旗习如故，无丝毫悔祸之心，清之亡所由不及旋踵。名为中兴，实已反满为汉，不悟则亡，其机决于此矣。

辛亥革命和中华民国的成立

吕思勉

雄鸡一声天下白，武昌城头，义旗高举。满族占据了中国二百五十八年，就不得不自行退让了。

中国国土大，边陲的举动，不容易影响全局。要能够震动全国，必得举事于腹心之地。但是登高一呼，亦必得四山响应，而其声势方壮。此种情势，亦是逐渐造成的。革命党的运动，固然是最大的原因，而清廷的失政，亦又以自促其灭亡。

清廷到末造，是无甚真知灼见的，只是随着情势为转移。当时的舆论，因鉴于政府的软弱无力，颇有主张中央集权的。政府感于中叶以后，外权渐重，亦颇想设法挽回。但不知道集权要能办事，其举动依然是凌乱无序，不切实际，而反以压制之力，施之于爱国的人民，就激成川、鄂诸省的事变，而成为革命的导火线。

当清末，外人图谋瓜分中国，以争筑铁路，为其一种手段，这是人人共知的事实。国民鉴于情势的严重，于是收回外人承造的铁路和自行筹办铁路之议大盛。因资力和人才的缺乏，能成功的颇少，这也是事实。清廷因此而下铁路干线都归国有的上谕。粤汉铁路，初由清廷和美国合兴公司订立草约。后来合兴公司逾期未办，乃由中国废约收回自办。此事颇得舆论的鼓吹和人民的助力。于是清廷派张之洞督办川汉、粤汉铁路。之洞和英、美、德、法四国银行，订立借款草约。约未定而之洞死。宣统末年，盛宣怀做了邮传部尚书，就把这一笔借款成立。川、鄂、湘、粤四省人民，争持自办颇烈，清廷把"业经定为政策"六个字拒绝。川督王人文，湘抚杨文鼎，代人民奏请收回成命，都遭严旨申饬。又以王人文为软弱，派赵尔丰代之。尔丰拘捕保路同志会和股东会的会长和谘议局议长。成都停课，各州县亦有罢市的。朝命端方带兵入川查办。人民群集督署，要求阻止端方的兵。尔丰纵骑兵冲杀。成都附近各县人民，群集省外。尔丰又纵兵屠杀，死者甚多。于是人心益愤。

其时革命党人，虽屡举无成，然仍进行不懈。川省事起，党人乘机，运动湖北陆军，约以旧历中秋起事。旋改迟至二十五日。未及期而事泄，乃以十九夜，即新历十月十日起事。清鄂督瑞澂统制张彪都逃走。众推黎元洪为中华民国军政府鄂军都督。连克汉口、汉阳。照会各国领事。领事团即宣告中立，旋都承认我为交战团体。

清廷闻武昌事起，即调近畿陆军南下。派陆军大臣荫昌督师。并命海军和长江水师赴鄂。旋召荫昌回。起袁世凯为湖广总督。清兵连陷汉口、汉阳。而各省亦次第光复。唯清提督张勋，负固南京，亦为苏、浙两省联军攻克。停泊九江、镇江的海军，又先后反正。清以吴禄贞为山西巡抚。禄贞顿兵石家庄，截留清军前敌军火，为清廷遣人刺杀。而张绍曾驻兵滦州，亦对清廷发出强硬的电报。清廷乃罢盛宣怀，下罪己之诏。又罢奕劻，以袁世凯为内阁总理。旋宣布十九信条。其中第八条："总理大臣，由国会公选。"第十九条："国会未开会时，资政院适用之。"于是载沣退位。资政院选举袁世凯为内阁总理。

先是各省都督府，于上海设立代表联合会。旋以一半赴湖北，一半留上海。赴湖北的，议决《临时政府组织大纲》。南京光复后，又议决："以南京为临时政府所在地。各省代表，限七日内齐集。有十省的人到齐，即开临时大总统选举会。"其时武昌民军，以英领事介绍，自十一月三十日起，许清军停战三天，旋又续停三天。期满之后，又续停十五天。袁世凯派唐绍仪为代表，和黎都督或其代表人讨论大局。民军以伍廷芳为代表。旋以廷芳为民军外交代表，不能离沪，乃改以上海为议和地点。其时民军闻袁世凯亦赞成共和，乃议缓举总统，举黎元洪为大元帅，黄兴为副元帅。临时大总统未举定前，由大元帅暂任其职权，而由副元帅代大元帅，组织临时政府。议和代表旋在上海开议。议决开国民会议，解决国体。

十二月二十五日，孙中山到上海。二十九日，十七省代表，开临时大总统选举会。选举孙中山为临时大总统。通电改用太阳历。以其后三日，为中华民国元年元月元日。孙中山即以是日就职。

于是唐绍仪因交涉失败，电清廷辞职。和议停顿。其时清廷亲贵中，最反对共和的，为军谘使良弼，被革命党人彭家珍炸杀。段祺瑞复合北方将士，电请改建共和。并说要带队入京，和各亲贵剖陈利害。清廷乃以决定大计之权，授之内阁总理。由袁世凯和民国议定优待满、蒙、回、藏暨清室条件，而清帝于二月十二日退位。失陷二百五十八年的中华，至此恢复。

Chapter 2　乙编

中国史叙论

梁启超

第一节　史之界说

史也者，记述人间过去之事实者也，虽然，自世界学术日进，故近世史家之本分，与前者史家有异，前者史家，不过记载事实，近世史家，必说明其事实之关系，与其原因结果，前者史家，不过记述人间一二有权力者兴亡隆替之事，虽名为史，实不过一人一家之谱牒，近世史家，必探察人间全体之运动进步，即国民全部之经历，及其相互之关系，以此论之，虽谓中国前者未尝有史，殆非为过。

法国名士波留氏，尝著俄国通志，其言曰，俄罗斯无历史，非无历史也，盖其历史非国民自作之历史，乃受之自他者也，非自动者而他动者也，其主动力所发，或自外，或自上，或自异国，或自本国，要之，皆由外部之支配，而非由内部之涨生，宛如镜光云影，空过于人民之头上，故只有王公年代记，不有国民发达史，是俄国与西欧诸国所以异也，云云，今吾中国之前史，正坐此患，吾当讲此史时，不胜惭愤者在于是，吾当著此史时，无限困难者在于是。

德国哲学家埃猛埒济氏曰，人间之发达凡有五种相，一曰智力（理学及智识之进步皆归此门），二曰产业，三曰美术（凡高等技术之进步皆归此门），四曰宗教，五曰政治，凡作史读史者，于此五端，忽一不可焉，今中国前史以一书而备具此五德者。固渺不可见。即专详一端者。亦几无之。所陈陈相因者，惟第五项之政治耳，然所谓政治史，又实为纪一姓之势力圈，不足以为政治之真相，故今者欲著中国史，非惟无成书之可沿袭，即搜求材料于古籍之中，亦复片鳞残甲，大不易易。

第二节　中国史之范围

（甲）中国史与世界史　　今世之著世界史者，必以泰西各国为中心点，虽日本俄罗斯之史家（凡著世界史者日本俄罗斯皆摈不录）亦无异议焉，盖以过去现在之间，能推衍文明之力以左右世界者，实惟泰西民族，而他族莫能与争也，虽然，西人论世界文明最初发生之地有五，一曰小亚细亚之文明，二曰埃及之文明，三曰中国之文明，四曰印度之文明，五曰中亚美利加之文明，而每两文明地之相遇，则其文明力愈发现，今者左右世界之泰西文明，即融洽小亚细亚，与埃及之文明而成者也，而自今以往，实为泰西文明与泰东文明（即中国之文明）相会合之时代，而今日乃其初交点也，故中国文明力未必不可以左右世界，即中国史在世界史中，当占一强有力之位置也，虽然，此乃将来所必至，而非过去所已经，故今日中国史之范围不得不在世界史以外。

（乙）中国史与泰东史　　泰东史者，日本人所称东洋史也，泰东之主动力全在中国，故泰东史中中国民族之地位，一如世界史中阿利扬民族之地位，日本近来著东洋史者，日增月盛，实则中国史之异名耳，今吾所述，不以泰东史名之者，避广阔之题目，所以免汗漫挂漏，而供简要切实之研究也，至于二千年来亚洲各民族与中国交涉之事最繁赜，自归于中国史之范围，固不待言。

第三节　中国史之命名

吾人所最惭愧者，莫如我国无国名之一事，寻常通称，或曰诸夏，或曰汉人，或曰唐人，皆朝名也，外人所称，或曰震旦，或曰支那，皆非我所自命之名也，以夏汉唐等名吾史，则戾尊重国民之宗旨，以震旦支那等名吾史，则失名从主人之公理，曰中国，曰中华，又未免自尊自大，贻讥旁观，虽然，以一姓之朝代而污我国民，不可也，以外人之假定而诬我国民，犹之不可也，于三者俱失之中，万无得已，仍用吾人口头所习惯者，称之曰中国史，虽稍骄泰，然民族之各自尊其国，今世界之通义耳，我同胞苟深察名实，亦未始非唤起精神之一法门也。

第四节　　地势

中国史所辖之地域，可分为五大部，一中国本部，二新疆，三青海西藏，四蒙古，五满洲，东半球之脊，实为帕米尔高原，亦称葱岭，盖诸大山脉之本干也，葱岭向东，衍为三派，其中部一派，为昆仑山脉，实界新疆与西藏焉，昆仑山脉复分为二，其一向东，其一向东南，向东南者名巴颜喀喇山，界青海与西藏，入中国内地，沿四川省之西鄙，蔓延于云南两广之北境，所谓南岭者也，其向东者名祁连山，亘青海之北境，其脉复分为二，一向正东，经渭水之上流，蔓延于陕西河南，所谓北岭者也，一向东北沿黄河亘长城内外者为贺兰山，更北为阴山，更北为兴安岭，纵断蒙古之东部，而入于西伯利亚，盖中国全部山岭之脉络，为一国之主干者，实昆仑山也。

使我中国在亚洲之中划然自成一大国者，其大界线有二，而皆发自帕米尔高原，其在南者为喜马拉耶山，东行而界西藏与印度之间，其在北者为阿尔泰山，实为中俄两国天然之界限焉，在昆仑山与阿尔泰山之中与昆仑为平行线者为天山，横断新疆全土，分为天山南北路，而终于蒙古之西端。

中国之大川，其发源之总地有二，其一在中国本部者，曰黄河，曰扬子江，曰西江，曰金沙江，皆发源于新疆西藏之间，其二在中国东北部者，曰黑龙江之上流斡难河克尔伦河，其支流之嫩江，曰色楞格河，曰鄂尔坤河等，皆发源于蒙古之北部，大抵诸大川河中与历史最有关系者为扬子江，其次为黄河，其次为西江黑龙江。

蒙古及新疆虽为诸大河之发源地，但其内部沙漠相连，戈壁瀚海准噶尔之诸沙漠，殆占全土之大半，故河水多吸收于沙漠中，或注泻于盐湖。

地理与历史，最有紧切之关系，是读史者所最当留意也，高原适于牧业，平原适于农业，海滨河渠适于商业，寒带之民，擅长战争，温带之民，能生文明，凡此皆地理历史之公例也，我中国之版图，包有温寒热之三带，有绝高之山，有绝长之河，有绝广之平原，有绝多之海岸，有绝大之沙漠，宜于耕，宜于牧，宜于虞，宜于渔，宜于工，宜于商，凡地理上之要件与特质，我中国无不有之，故按察中国地理，而观其历史上之变化，实最有兴味之事也，中国何以能占世界文明五祖之一，则以黄河扬子江之二大川横于温带，灌于平原故也，中国文明，何以不能与小亚细亚之文明印度之文明相合集而成一繁质之文明，则以西北之阿尔泰山西南之喜马拉耶山为之大障也，何以数千年常有南北分峙之姿势，则长江为之天堑，而黄河沿岸与扬子江沿岸之民族，各各发生也，自明以前，何以起于北方者其势常日伸，起于南方者其势常日蹙，以寒带之人常悍烈，温带之人常文弱也，东北诸胡种，何以二千余年迭篡中夏，以其长于猎牧之地，常与天气及野兽战，仅得生存，故其性好战狠斗，又惯游牧，逐水草而居，故不喜土著而好侵略，而中国民族之性质适与相反也，彼族一入中国，何以即失其本性，同化于汉人，亦地质使之然也，各省地方自治制度，何以发达甚早，则以幅员太大，中央政府之力常不能及，故各各结为团体，以自整理也，何以数千年蜷伏于君主专制政治之下，而民间曾不能自布国宪，亦以地太大，团体太散，交通不便，联结甚难，故一二枭雄之民贼，常得而操纵之也，何以不能伸权力于国外，则以平原膏腴，足以自给，非如古代之希腊腓尼西亚，及近代之英吉利，必恃国外之交通以为生活，故冒险远行之性质不起也，近年情形何以与昔者常相反，则往时主动力者常在盘据平原之民族，近时主动力者常在沿居海岸之民族，世界之大势，驱迫使然也，凡此诸端，无不一一与地理有极要之关系，故地理与人民二者常相待，然后文明以起，历史以成，若二者相离，则无文明，无历史，其相关之要，恰如肉体与灵魂相待以成人也。

第五节　人种

种界者，今日万国所断断然以争之者也，西人分世界人种，或为五种，或为三种，或为七种，而通称我黄色种人谓为蒙古种，此西人暗于东方情实，谬误之谈也，今考中国史范围中之各人种，不下数十，而最著明有关系者，盖六种焉。

其一苗种是中国之土族也，犹今日阿美利加之红人澳大利亚之黑人也，其人在历史以前，曾占重要之地位，自汉族日渐发达，苗种即日就窘迫，由北而南，今犹保残喘于湖南贵州云南广西之间，其在安南缅甸等地亦间有焉。

其二汉种即我辈现时遍布于国中，所谓文明之胄，黄帝之子孙是也，黄帝起于昆仑之墟，即自帕米尔高原，东行而入于中国，栖于黄河沿岸，次第蕃殖于四方，数千年来，赫赫有声于世界，所谓亚细亚之文明者，皆我种人自播之而自获之者也。

其三图伯特种现居西藏及缅甸之地，即殷周时代之氐羌，秦汉之际之月氏，唐时之吐蕃，宋时之西夏，皆属此族。

其四蒙古种初起于贝加尔湖之东隅一带，次第南下，今日蔓延于内外蒙古及天山北路一带之地，元朝即自此族起，混一中国，威震全地，印度之谟嘉尔帝国，亦此族所建设也。

其五匈奴种初蕃殖于内外蒙古之地，次第西移，今自天山南路以至中亚细亚一带之地，多此族所占据，周以前之猃狁，汉代之匈奴，南北朝之柔然，隋之突厥，唐之回纥，皆属此族，现今欧洲土耳其国，亦此族所建立也。

其六通古斯族自朝鲜之北部，经满洲而蔓延于黑龙江附近之地者，此种族也，秦汉时代之东胡，汉以后之鲜卑，隋及初唐之靺鞨，晚唐五代之契丹，宋之女真，皆属此族，今清朝亦自此兴者也。

中国近代维新派领袖、学者梁启超

西教徒所主张，以谓全世界之人类，皆由最初之一男一女而生，但今日世界大通，人种学大明，此论之无稽，殆不足辩，然则各种各族，各自发生，其数之多，殆不可思议，且也错居既久，婚姻互通，血统相杂，令欲确指某族某种之分界线，其事盖不易易，况游牧民族，迁徙无常，立于数千年之后，而指前者发现于历史上之民族，一一求今之民族以实之，非愚则诬，故今日以六种族包括中国史内之人民，诚不免武断挂漏之讥，但民族为历史之主脑，势不可以其难于分析而置之不论，故举其在史上最有关系者约而论之云尔。

今且勿论他族，即吾汉族，果同出于一祖乎，抑各自发生乎，亦一未能断定之问题也，据寻常百家姓谱，无一不祖黄帝，虽然，江南民族，自周初以至战国，常见有特别之发达，其性质习俗颇与河北民族，异其程度，自是黄河沿岸与扬子江沿岸，其文明各自发达，不相承袭，而瓯闽两粤之间，当

秦汉时，亦既已繁盛，有独立之姿，若其皆自河北移来，则其移住之岁月，及其陈迹，既不可考见矣，虽然，种界者本难定者也，于难定之中而强定之，则对于白棕红黑诸种，吾辈划然黄种也，对于苗图伯特蒙古匈奴满洲诸种，吾辈庞然汉种也，号称四万万同胞，谁曰不宜。

第六节 纪年

纪年者，历史之符号，而于记录考证所最不可缺之具也，以地理定空间之位置，以纪年定时间之位置，二者皆为历史上最重要之事物，凡符号之优劣，有一公例，即其符号能划一以省人之脑力者为优，反是则为劣，是也，故凡野蛮时代之符号，必繁而杂，凡文明时代之符号，必简而整，百端皆然，而纪年其一端也，古代之巴比伦人，以拿玻呐莎王为纪元（在今西历纪元前七百四十七年）希腊人初时。以执政官或大祭司在位之时按年纪之，其后改以和灵比亚之大祭为纪元（当纪元前七百六十七年）罗马人以罗马府初建之年为纪元（当纪元前七百五十三年）回教国民以教祖摩哈默德避难之年为纪元（当纪元前六百二十二年）犹太人以创世纪所言世界开辟为纪元（当纪元前三千七百六十一年）自耶稣立教以后，教会以耶稣流血之年为纪元，至第六世纪，罗马一教士，乃改用耶稣降生为纪元，至今世界各国用之者过半，此泰西纪年之符号，逐渐改良，由繁杂而至简便之大略也，吾中国向以帝王称号为纪，一帝王死，辄易其符号，此为最野蛮之法（秦汉以前各国各以其君主分纪之尤为野蛮之野蛮）于考史者最不便，今试于数千年君主之年号，任举其一以质诸学者，虽最淹博者亦不能具对也，故此法必当废弃，似不待辨，惟废弃之后，当采用何者以代之，是今日著中国史一紧要之问题也，甲说曰，当采世界通行之符号仍以耶稣降生纪元，此最廓然大公，且从于多数，而与泰西交通利便之法也，虽然，耶稣纪元，虽占地球面积之多数，然通行之之民族，亦尚不及全世界人数三分之一，吾冒然用之，未免近于徇众趋势，其不便一，耶稣虽为教主，吾人所当崇敬，而谓其教旨遂能涵盖全世界，恐不能得天下后世人之画诺，贸然用之，于公义亦无所取，其不便二，泰东史与耶稣教关系甚浅，用之种种不合，且以中国民族固守国粹之性质，欲强使改用耶稣纪年，终属空言耳，其不便三，有此三者，此论似可抛置，乙说曰，当用我国民之初祖黄帝为纪元，此唤起国民同胞之思想，增长团结力之一良法也。虽然，自黄帝以后，中经夏殷，以迄春秋之初年，其史记实在若茫若昧之中，无真确之年代可据，终不能据一书之私言，以武断立定之，是亦美犹有憾者也，其他近来学者，亦有倡以尧纪元，以夏禹纪元，以秦一统纪元者，然皆无大理公益之可援引，不必多辩，于无一完备之中，惟以孔子纪年之一法，为最合于中国，孔子为泰东教主中国第一之人物，此全国所公认也，而中国史之繁密而可纪者，皆在于孔子以后，故援耶教回教之例，以孔子为纪，似可为至当不易之公典，司马迁作史记，既频用之，但皆云孔子卒后若干年，是亦与耶稣教会初以耶稣死年为纪，不谋而合，今法其生不法其死，定以孔子生年为纪，此吾党之微意也。

但取对勘之便，故本书纪年，以孔子为正文，而以历代帝王年号，及现在通行西历，分注于其下。

第七节　有史以前之时代

史者记人间世过去之事者也，虽然，人类之起原，远在书契以前，其详靡得而稽焉，春秋纬称自开辟至于获麟，凡三百二十七万六千岁，分为十纪，其荒诞固不足道，而要之必有悠远之时代，无可疑也，洪水时代，实为全世界公共纪念物，故截称洪水以前为无史时代，洪水以后为有史时代，亦不为过，虽然，洪水之起原，及其经过之年代，虽以今世地质学家，考据极周密，然犹纷纷莫衷一是，故以洪水平息后始可为真正之有史时代，中国自古称诸夏，称华夏，夏者以夏禹之朝代而得名者也，中国民族之整然成一社会，成一国家，实自大禹以后，若其以前则诚有如列子所谓三皇之事，若存若亡，五帝之事，若觉若梦者，其确实与否，万难信也，故中国史若起笔于夏禹，最为征信，虽然，中国为全世界文明五种源之一，其所积固自深远，而黄帝为我四万万同胞之初祖，唐虞夏商周秦之君统，皆其裔派，颇有信据，计自黄帝至夏禹，其间亦不过数百年，然则黄帝时去洪水之年，亦已不远，司马迁作史记，托始黄帝，可谓特识，故今窃取之，定黄帝以后为有史时代。

一千八百四十七年以来，欧洲考古学会，专派人发掘地中遗物，于是有史以前之古物学，遂成为一学派，近所订定而公认者，有所谓史前三期，其一石刀期，其二铜刀期，其三铁刀期，而石刀期中，又分为新旧二期，此进化之一定阶级也，虽其各期之长短久暂，诸地不同，然其次第则一定也，据此种学者之推度，则地球生物之起原在一万万年以前，而人类之遗迹，亦在一万年乃至十万年以前云，中国虽学术未盛，在下之层石，未经发见，然物质上之公例，无论何地，皆不可逃者也，故以此学说为比例，以考中国有史前之史，决不为过，据此种学者所称新旧两石刀期，其所经年代，最为绵远，其时无家畜，无陶器，无农产业，中国当黄帝以前，神农已作耒耜，蚩尤已为弓矢，其已经过石器时代，交入铜器时代之证据甚多，然则人类之起，遐哉邈乎，远在洪水时代以前，有断然也。

又以人群学之公例言之，凡各人群，必须经过三种之一定时期，然后能成一庞大固结之团体，第一为各人独立，有事则举酋长之时期，第二为豪族执政，上则选置君主，下则指挥人民之时期，第三为中央集权，渐渐巩固，君主一人，专裁庶政之时期，斯宾塞尔群学云："譬有一未成规律之群族于此，一旦或因国迁，或因国危，涌出一公共之问题，则其商量处置之情形如何，必集其民众于一大会场，而会场之中，自然分为二派，其甲派，则老成者，有膂力者，阅历深而有智谋者，为一领袖团体，以任调查事实讨议问题之事。其乙派，则少年者。老羸者。智勇平凡者，为一随属团体。占全种族之大部分，其权利义务，不过傍听甲派之议论，为随声附和之可否而已，又于领袖团体之中，必有一二人有超群拔萃之威德，如老成之狩猎家，或狡狯之妖术家，专在会场决策而任行之，即被举为临事之首领云云。"然则一群之中，自划然分为三种之人物。即其一最多数之随属团体，即将来变成人民之胚胎也，其二则少数之领袖团体，即将来变成豪族之胚胎也，其三则最少数之执行事务委员。即将来变成君主之胚胎也。凡此三种人物，当其在太古野蛮时代，常相集合，距离不甚远。又至今日文明时代，亦相结合，距离不甚远，惟中间所经过之趋势，则三者常日渐分离，其政权，由多数而浸归于少数，由少数而浸归于最少数，盖其初时，人人在本群，为自由之竞争，非遇有外敌，则领袖团体，殆为无用，其后因外敌数见，于是临时首领，渐变而为常任首领，而领袖团体之权力日以大焉，又其后此领袖团体中之有力者，各划分权力范围，成封建割据之形，而兼并力征之势日盛，久乃变成中央集权之君主政体，此历代万国之公例也，我中国当黄帝尧舜之时，纯然为豪族执政之时期，而且中央集权君主专裁之制，亦已萌芽发达，亦可见我中国有史以前，既经绝远之年代，而文明发达之早，诚足以自豪于世界也。

第八节　时代之区分

叙述数千年之陈迹，汗漫邈散，而无一纲领以贯之，此著者读者之所苦也，故时代之区分起焉，中国二十四史，以一朝为一史，即如通鉴，号称通史，然其区分时代，以周纪秦纪汉纪等名，是由中国前辈之脑识，只见有君主，不见有国民也，西人之著世界史，常分为上世史，中世史，近世史，等名，虽然，时代与时代，相续者也，历史者无间断者也，人间社会之事变，必有终始因果之关系，故于其间若欲划然分一界线如两国之定界约焉，此实理势之所不许也，故史家惟以权宜之法，就其事变之著大而有影响于社会者，各以己意约举而分之，以便读者，虽曰武断，亦不得已也。

　　第一上世史，自黄帝以迄秦之一统，是为中国之中国，即中国民族自发达自争竞自团结之时代也，其最主要者，在战胜土著之蛮族，而有力者及其功臣子弟分据各要地，由酋长而变为封建，复次第兼并，力征无已时，卒乃由夏禹涂山之万国，变为周初孟津之八百诸侯，又变而为春秋初年之五十余国，又变而为战国时代之七雄，卒至于一统，此实汉族自经营其内部之事，当时所交涉者，惟苗种诸族类而已。

　　第二中世史，自秦一统后至清代乾隆之末年，是为亚洲之中国，即中国民族与亚洲各民族交涉繁赜竞争最烈之时代也，又中央集权之制度，日就完整，君主专制政体全盛之时代也，其内部之主要者，由豪族之帝政，变为崛起之帝政，其外部之主要者，则匈奴种西藏种蒙古种通古斯种次第错杂，与汉种竞争，而自形质上观之，汉种常失败，自精神上观之，汉种常制胜，及此时代之末年，亚洲各种族，渐向于合一之势，为全体一致之运动，以对于外部大别之种族。

　　或问曰，此中世史之时代，凡亘二千年，不太长乎，曰，中国以地太大民族太大之故，故其运动进步，常甚迟缓，二千年来，未尝受亚洲以外大别种族之刺激，故历久而无大异动也，惟因此时代太长之故，令读者不便，故于其中复分为三小时代焉，俟本篇乃详析之，今不先及。

　　第三近世史，自乾隆末年以至于今日，是为世界之中国，即中国民族合同全亚洲民族，与西人交涉竞争之时代也，又君主专制政体渐就湮灭，而数千年未经发达之国民立宪政体，将嬗代兴起之时代也，此时代今初萌芽，虽阅时甚短，而其内外之变动，实皆为二千年所未有，故不得不自别为一时代，实则近世史者，不过将来史之楔子而已。

中国思想史纲要

胡适

为了方便起见，中国思想史的历史，可以分为三个主要时期。耶稣纪元前的一千年为上古时期。伟大的中古佛教及道教时代，以及一直通过了纪元后一千年的全部时间，都为中古时期。而近世这一时期，则为中国理智复兴期；这一时期，远从第十世纪大规模的刊印书籍，以及第十一世纪、第十二世纪新孔子学派起来的时代起，一直延长到我们这个时代。每一时期，都占了将近千年的光景。

中国思想史的上古时期，可说是古典时代。从那时传下了一些前于孔子的古典作品，诗歌的，历史的，关于行为轨范的，关于宗教崇拜的；此外当然还有许多大哲学家的作品，如老子及孔子、墨翟，一直到孟子、庄子及韩非——这可称之为中国学术的"旧约全书"时代。这个上古时期，不独为所有后来各时代的中国思想史确定了一个主要的模型，而且也提供了许多灵感和智慧的工具，使中国中古及近世思想家们，可以用来做凭借，去为哲学及文化的复兴而努力工作。简单说来，古典中国的理智遗产，共有三个方面：它的人文主义，它的合理主义，以及它的自由精神。

其所以成为人文主义的，是为了它始终而且明显的注意人类的生活，人类的行为，以及人类的社会。举例来说，当孔子被人问应当如何事鬼神时，他就说："未能事人，焉能事鬼？"他又被问关于死的意见时，他就说："未知生，焉知死？"这种对于人生的执着，就成了一个特点，使中国古代思想与印度、波斯甚至伊色列（Israel）的古代思想，截然不同了。中国古典时期的思想家，主要的是道德哲学家、教育哲学家、社会哲学家以及政治哲学家。古代中国曾建立一个伟大的文明，而且又产生了许多关于人性，关于道德行为，关于法律及政治组织的，种种成熟的学说，但对含有"乐园"意义的"天堂"，看作"末日裁判"地方的"地狱"，则一无所知，并且对于生死问题，也从来没有耽于玄思默想过。

其次，中国古典思想之所以成为合理，成为唯理智主义的原因，是由于他对于智识、学问和思想的重视。孔子说："学而不思则罔，思而不学则殆。"当时，中国思想的派别很多，从孔子的明显的唯理智主义的态度（孔子曾明白承认过："吾尝终日不食，终夜不寝，以思，无益，不如学也。"）一直到老子更明确的、唯理智主义者的（rationalistic），但却几乎是反理智主义者的（anti-intellectualistic）态度。老子这么吟咏过：

　　不出户，知天下；
　　不窥牖，见天道。

在这两极端之间，可以寻到那时中国思想上一些其他的伟大学派。他们的不同之处，是在于对那比较吃力的学习及研究过程的注重程度，各有不同。这一类的差别，在两种不同的性情之间，本是些很自然的差别。这两种性情，威廉詹姆斯氏曾把一个称之为"软心肠的性情"，把另一个称之为"硬心肠的性情"。中国思想从未诉之于超自然的或神秘的事物，以作为思想或推理的基础。从这一点看，一般说来，中国思想是始终唯理的。而且，它的所有正统学派，对于知识和考察，都十分重视。再从这一方面看，它确是偏重于唯理智主义者的态度。

人文主义者的兴趣，与合理及唯理主义者的方法论结合起来，这一结合，就给予古代中国思想以自由的精神。而且对于真理的追求，又使中国思想本身得以自由。孔子说："君子不忧不惧。"又说："内省不疚，夫何忧何惧！"讲到他自己时，他又说："饭疏食，饮水，曲肱而枕之，乐亦在其中矣。不义而富且贵，于我如浮云。"在中国道德与理智力量仅次于孔子的孟子，也曾经更有力的表示过这个自由的精神。他说："富贵不能淫，贫贱不能移，威武不能屈，此之谓大丈夫。"

这种人文的、合理的及自由的精神，就是古典时代对于后代理智生活留传下来的、最大的遗产。也就是因为这个精神，所以方能使得那个时代多样的论理、社会及政治作品，现在读起来，还是和我们现代的作品一样。

这里就是孔子和他自己国家统治者的谈话：

鲁定公问："一言可以兴邦，有诸？"

孔子对曰："言不可以若是其几也。人之言曰：'为君难，为臣不易。'如知为君之难也，不几乎一言而兴邦乎？"

定公又问："一言而丧邦，有诸？，

孔子对曰："言不可以若是其几也。人之言曰：'予无乐乎为君，唯其善而莫予违也。'知其善而莫之违也，不亦善乎？如不善而莫之违也，不几乎一言而丧邦乎？"

从这样一个人道的、合理的、客气的，然而在精神上又是这么坚定的、这么自由的回答里，我们可以了解二十五个世纪以来，孔子对于中国人的控制力量的所自来了。

下面是孟子和梁惠王的一段问答：

"杀人以梃与刃，有以异乎？"孟子问。

"无以异也。"梁惠王答。

"以刃与政有以异乎？"

王曰："无以异也。"

"庖有肥肉，厩有肥马，民有饥色，野有饿莩，此率兽而食人

也。兽相食，人且恶之，为民父母行政，不免于率兽而食人，恶在
其为民父母也？"

下面又是孟子告诉齐宣王的一段话：

> 君之视臣如手足，则臣视君如腹心。君之视臣如犬马，则臣视
> 君如国人。君之视臣如土芥，则臣视君如寇仇。

从这类的讨论中，我们不禁要觉察到人文主义的精神、合理的精神以及
自由政治批判的精神。这种精神，就使孟子成为人类史上民主政治的最早也
许是最大的哲学家。

这个古典时代三重性质的遗产，就成为后来中国各时代文化与理智生活
的基础。他供给了种子，由那里就生出了后来的成长与发展。它又尽了肥沃
土壤一样的使命，在那里面，许多种类的外国思想与信仰都种了下去，而且
成长，开花，结果了。它给中国一个理智的标准，可以用来判断及估计一切
外国输入的理想与制度。而一遇到中国思想变得太迷信，太停滞，或太不人
道时，这一个富于创造性的理智遗产，总归是出来救了它。

虽然当中曾经有过一千年的时光，一般人都集体改信佛教，也还并没
有能够根除这个遗产。曾经有过一个时期，好像中国的合理性及人文主义，
已经被一个中古时代思想的洪流所淹没了。这个中古思想，就是由印度及印
度化思想信仰统治下所产生的。成千成万的男人女人，都出了家去当和尚或
尼姑。宗教热就像浪潮一样的冲进了中国。作为对于佛教神圣献祭的最高形
式，一个虔诚的和尚，可以欣然烧掉一个手指，一条膀臂，或者甚至他的整
个身体。上千万的信男信女，有时甚至是宫庭中的人物，也都蜂涌到山上
去，目击而且悲泣一个高僧的自焚。

正是为了这样的出世态度，和这样非人道的狂热，才又把中国震动得恢

复了知觉，恢复了理性，恢复了人性。在历史上那几次政府迫害佛教举动的背后，永远的有中国文明对于要使中国"蛮化"的这潮流的一种反抗态度存在着。

举例来说，公元845年对佛教大迫害时，上谕里的主要意思是说："中国政府不能把中国人民弃之于对一个外国舍生宗教的崇奉了。"这就是中国人道主义对于使中国思想文明印度化的一个革命。

中国反抗佛教的最大代表，及大声疾呼得最厉害的领袖，是韩愈。他指出过，中国思想的最高理想，是说一切的个人道德及理智培养，必须有一个社会的目的，而这个目的呢，就是齐家，治国，平天下。所有一切志在由苦行及逃世以自救的个人教育，都是反社会的，因之也是非中国的。

唐代文学家、哲学家韩愈

韩愈为这个反抗提出了著名的冲锋呐喊，所谓："人其人！"那就是说，使和尚尼姑们一律恢复人性和人的生活！他对于佛教的严厉批评，特别是他对于皇家底庇护佛教的攻击，就使他在819年遭到了贬斥。然而，在精神上，他却是第十一、第十二世纪中新哲学运动的创造者。这个运动，后来就产生了"唯理哲学"（理学）的复兴与形式。

这次现世的及创造性的哲学运动的复兴，就为中国思想的第三或近世时期开了先河。那是中国哲学的一个复兴时代。在近世中国哲学前九百年的发展当中，古典时代的人文主义唯理主义，以及自由精神，又重新像花一样的放开了来。

"唯理哲学"的最初阶段，道院的苦行及学术性的冥想，仍然继续存在。这些是从中古宗教时期接受过来的。不过就一般而论，理智自由精神已经产生了许多敌对的思想派别，而其中有几派，曾经较为彻底的脱去了中古势力的牢笼。推想已变为有条理得多，科学化得多；道德教训也变得更人道些，更合理些。

十二世纪中，朱熹学派曾特别注重对于知识采取唯理主义的态度。这一派的口号是："致知在格物。"主张"今日格一物、明日格一物""主于用力之久，而一旦豁然贯通焉，则众物之表里精粗无不到，而吾心之全体大用无不明矣"。

这种严格唯理主义者的精神及方法论，在中国思想里，就产生新的唯理主义。可是因为没有对于自然本身实验及处理的传统和技术，终至于，这种科学的思想，并没有能够产生一种自然科学，可是它的精神，却渐渐在历史及哲学的研究中被觉察出来了。过去三百年来，它曾经在对于古典著作的研究方面，产生了一个科学的方法论。它曾经展开了对于书本的批评，"高级"的批评，以及对于古代著述的哲学态度。那些图谋推翻传统注疏的学者们，现在却选了一个新的工具，这就是一个新的方法论。这样，他们可以凭借历史的证据及演绎的推理法，去扫除一切主观的解释，和传统的权威。固有的唯理主义，现在变成科学性的了。而理智自由的精神，也就寻到了一个有力的武器。

我将再叙述两个轶事，以结束这个简略的中国思想史叙述。中国现存的最老哲学家吴敬恒，曾经告诉我一个故事。他早年的时候，去见江阴南菁书院的山长黄以周。当他走进山长室时，他看见墙上挂着山长自己用大字泼笔写着的对联。那对联上八个字说："实事求是，莫作调人。"

数年前，当我浏览我父亲未刊行的著作时，我寻到七十年前他在上海龙门书院所做的许多卷札记。每页顶上都用红字印着一段格言。其中一部分说："学生研究任何题目时，都必须有先用怀疑的精神。"

以怀疑态度研究一切：实事求是，莫作调人。这就是那些中国思想家的精神，他们曾使中国理智自由的火炬，永远不熄。也就是这个精神，方使中国的思想家们，在这个新世界上，新时代中，还觉应完全的自如与合适。

（英文稿原载1942年10月《亚细亚杂志》第42卷第10期，冷观中译稿载
1943年2月16日《读者通讯》半月刊第60期）

古今华北的气候与农事

雷海宗

（一）古书中所见的古代气候与农事

《吕氏春秋·十二纪》的首篇，是战国晚期的一本农书，专记当时的中国，主要就是今日的华北，一年十二月的气候与农事。《礼记·月令篇》，全部照抄《吕氏》。当然也可能，《吕氏》与《礼记》都是由同一根源的古农书而来。这后一种可能，是很大的，因为此篇农书所记的情形，看来并非战国秦汉间气候与农事的实况，而为春秋以上的情形，编者不过是依古书照抄而已。关于此点，容待下面再讲。我们现在先把书中重要的气候与农事的纪载，逐月录述如下：

（1）孟春正月。

（2）仲春二月。

（3）季春三月——为麦祈实。

是月也，命有司曰："时雨将降，下水上腾，循行国邑，周视原野，修利堤防，道达沟渎，开通道路，毋有障塞。"

（4）孟夏四月——农乃登麦。

（5）仲夏五月——农乃登黍。

（6）季夏六月——水潦盛昌……大雨时行。

（7）孟秋七月——农乃登谷。

命百官始收敛，完堤防，谨壅塞，以备水潦。

（8）仲秋八月——乃劝种麦，毋或失时。

（9）季秋九月——

　　霜始降；

　　是月也，天子尝稻。

（10）孟冬十月——水始冰，地始冻。

此后的两个月，与本文所要谈的问题无关，从略。

上面所列的月份，当然都是夏历，夏历似乎自古就是民间最通行的历法。但夏历每两三年闰月一次，月份与季节实际永远不能完全配合。所以所谓某月如何如何乃是理想的，而非实际的。实际前后可有少则几天，多则半月二十天的差别。但因历来纪月，大多以夏历为准，本文仍用夏历。文中每提五月，我们可想及阳历六月；每提六月，可想及阳历七月，观念与事实就可大致相符。

（二）古书资料的解释

现在我们可按顺序，把上面所引各节，与今日华北的情形做比较研究，并尽可能搜集古代气候农事的实际纪录，看看是否与《十二纪》及《月令篇》吻合。

正、二两月，无可讨论，我们可从三月份谈起。

（3）"季春三月，为麦祈实。"这一句话很可注意。一般的谷实，由出穗到收获，时间并不太长，三月既为麦祷告穗实丰满，那是麦即将熟的一个预示。

三月另外所引一节，似乎讲到古代春雨颇丰，甚至常有春雨"障塞"淹田的危险，所以必须"道达沟渎，开通道路"。所谓沟渎，在古代都是田亩之间由人工挖掘的通水之渠，因此紧联上句的"堤防，"所指并非江河的堤防，而是沟渎的堤防。文中明言"周视原野，修利堤防"，显然是指田野中的堤防而言。关于此点，《考工记》"匠人"条所述甚详：

> 匠人为沟洫。
>
> 耜广五寸二耜为耦。一耦之伐，广尺深尺，谓之畎。田首倍之：广二尺，深二尺，谓之遂。
>
> 九夫为井，井间广四尺，深四尺，谓之沟。
>
> 方十里为成，成间广八足，深八尺，谓之洫。
>
> 方百里为同，同间广二寻，深二仞，谓之浍，专达于川，各载其名。凡天下之地势，两山之间必有川焉，大川之上必有涂焉。

与这一段相辅而行的，有《周礼·地官》"遂人"条的一段：

> 夫间有遂，遂上有径。
>
> 十夫有沟，沟上有畛。
>
> 百夫有洫，洫上有涂。
>
> 千夫有浍，浍上有道。
>
> 万夫有川，川上有路。

这两段文字的意义很清楚，无需多加解释。古代田野中，满是沟渠与堤

防，同时堤防也就是人行的道路。村里之外，一望无际，都是纵横交错的堤
防与沟洫，一方面为田间的界线与行道，一方面为雨水过剩时的宣泄系统。
沟渠系统间，大概有闸，平时水闸关闭，以备灌溉。如雨水过多，就可放
闸，使余水由遂而沟，由沟而洫，由洫而浍，最后流入自然的大川。

这两段记载与所谓井田制度有关，而井田制度是近些年来许多人根本
怀疑的。如果说当时天下各国各地的土地都如此方方正正的划分，当然不可
能，但周代在理论上与法制上有一套比较整齐规则的土地划分方法，则无可
置疑。我们可以不管孟子以来越说越糊涂的圣王之下如何美满的那一套，我
们不要把井田看为一个土地制度的问题，而主要地要看为一个土地利用的技
术问题，如果牵涉到土地制度，那也仅是偶然的。井田在历史上自有它重要
的技术性的地位。我们所要讨论的也是此种技术问题，迄无定论的土地制度
问题，从略。我们从各方面的佐证，以及古代传下的成语与口头禅，都可看
出井田为实有其事。现在先讲古籍中可靠的或比较可靠的记载。

《诗经·周颂·噫嘻篇》："率时农夫，播厥百谷，骏发尔
私，终三十里，亦服尔耕，十千维耦。"

《周颂·载芟篇》："千耦其耘，徂隰徂畛。"

这都是西周的诗。第一篇描写一万人（十千）在三十里的范围之内，分
为五千对（耦）而耕田。第二篇描写二千人合同锄草，一下锄到田间（隰），
一下又锄到田边的人行小道（畛）。古代确有如此大规模的农作场面，在规
模如此之大的计划性的农事操作下，像上面《考工记》与《周礼》所讲的整
齐土地划分，是可实行而无困难的，甚至可以说是很自然的事。

特别提到沟洫的，古籍中也有几条。

《尚书·益稷篇》："禹曰……予决九川，距四海；濬畎浍，

距川。"

《论语·泰伯篇》："子曰……卑宫室而尽力乎沟洫。禹，吾无间然矣！"

《孟子·离娄下篇》："七八月之间雨集，沟浍皆盈。"

《左传》"襄公十年冬"："子驷为田洫，司氏，堵氏，侯氏，子师氏皆丧田焉。"

上面《论语》中孔子称赞禹的话与《尚书》中禹所自讲的话，是同一个故事，都是到春秋晚期大概早已流行的关于禹勤苦治水的故事。《尚书》中特别讲明禹把畎浍的水引入川中，把川中的水最后又导之入海。这虽只是一个故事，但故事中的这种说法是必有事实根据的，事实根据就是古代实际的沟洫制度。孟子的话，证明古代确有沟浍，专为容纳夏季多余的雨水。（孟子所用的月份是周历，所谓七八月就是夏历的五六月。周历、夏历的问题，下面当再说明。）至于《左传》中的记载，根本是一件具体的史实。子驷依势扩大自己的田洫，把另外四家的田都圈在自己的沟洫系统之内，这证明沟洫是古代田地系统不可分的一部分。

现在再谈古代关于堤防或路涂的资料。

《礼记·郊特牲篇》，记载古代农事结束时的一种隆重祭祀与庆祝，称为大蜡或八蜡，就是感谢八种与农事有关的神明，其中第六种为坊，就是田间的堤防，第七种为水庸，就是田间的沟渠。

此外，与堤防或道涂有关的，有几种自古传下的成语或名词，颇堪玩味。按《周礼》"遂人"条所讲，道涂分为五级：径，畛，涂，道，路。这并非虚构，而为古代实际的名称与概念。自古至今，只有"道"与"路"可以"大"字形容，其他三种不能言大，因为在古代井田沟洫盛行时，行道系统中的大道为"道"与"路"二种。"大路"一词，自古流通，《诗经·郑风》有"遵大路"一篇。"大道"一词不似"大路"通行，《诗经》

中有"周道"（见《小雅·小弁篇》《大东篇》），其意为大道。但抽象化之后，"大道"成为习用的名词，《礼记·礼运篇》中的名句为"大道之行也，天下为公。"今日俗语中"大路"与"大道"意义相同，可以互用。至于"径"字，若加形容词，只能说"小"，古今皆然。因为径小，给人的印象不佳，孔子的门徒甚至认"行不由径"为美德（见《论语·雍也篇》）。"畛"与"涂"，处在中间，不大不小，所以向来不用"大小"两字作为形容词。（径，畛，涂，道，路五词都是专名，五者合称的类名，普通用五者正中的"涂"字，称为五涂。上引《考工记》"大川之上，必有涂焉"的"涂"字就是类名代专名的用法：若用专名，当说"必有路焉"。）

又有很古的一句成语："道听而涂说"，就传到今天的古代文献而言，此语是孔子最早说的（见《论语·阳货篇》）。今日一般都解释为"在路上听了，又在路上传说出去"，甚为平淡。注疏中已采此种解释："若听之于道路，则于道路传而说之"，乏味之至，因为这是丧失了古语原来精神的解释。古代实际的意义是"在大路听了，转弯到小路就给说出去了"，描画得活现生动而有力！

因为古代有如上所论一套复杂的沟洫系统，所以除非是江河决口，农田是有旱无潦的。无雨或缺雨，可致旱灾。但雨多，并不致发生水潦之灾，因为雨水有所宣泄。也正因如此，古代农民的宗教中有旱神而无潦神。旱神称魃，是古代农民所最怕的一位女神，《诗经·大雅·云汉篇》，全篇都是因"旱魃为虐"而引起的呼吁。雨神称"雨师"（见《周礼·春官》"大宗伯"条），专司下雨，农民一般是希望他下雨，并不怕他下雨太多。雨师是雨神，而非潦神，在整个神谱中也不见有潦神。这证明古代如有水灾，普通都是河决所致，那要由河神负责；雨水本身极难成灾，所以少而又少的雨水之灾没有专神司理。雨潦没有专神，却有专名，今日华北农村中对于雨水引起的淹没情形，称为"立潦"。雨水由天而下，与地合成立体形，因有此名。这种复杂观念的专名，正证明立潦一向为非常特别的事；因为极其少见，所以若一遇到，就给人印象甚深，因而给它起了一个专名。《春秋》"二百四十二年"中，记载因旱祈雨的二十一次，而大水仅有九次，其中可能有的为河决，而非立潦。

（4）"孟夏四月，农乃登麦。"这在今天似乎是不能想象的事。今日麦熟，一定要到五月，普通是五月中旬，最晚的可到五月下旬。但在古代则麦熟确在四月。殷商西周，无可稽考。《左传》中有两次提到麦熟，都为四月。一为隐公三年（公元前720年），《左传》文曰："四月，郑祭足帅师取温之麦。"这显然是在麦将熟时去抢先割取。另一次为成公十年（公元前581年），记载晋景公在四月要尝新麦，把新麦制熟之后，未及食而死。（关于晋景公事，《左传》原文为"六月丙午，晋侯欲麦"。按《春秋》一书全用周历，周历六月为夏历四月。《左传》记月份时，绝大部分也用周历，隐公三年那一次用夏历，在《左传》为变格，大概是著者采用史料时未加改变，以致体例不能划一。）

由这两个具体的例证，我们可说至迟到公元前720至前580年间，华北一带，麦熟仍在四月。再过一两个世纪，进入战国时代后，麦熟的时间如何，史无明文。但这的确是一个重要的问题，容待下面再讲。

（5）"仲夏五月，农及登黍。"这一条较上面四月麦熟的一条尤为惊人。因为麦熟，古今相差不过一个月。至于登黍，今日一般都在八月，最早也不能早过七月底。可惜关于此点，《左传》或其他古籍中，没有一个实例，可作讨论的根据。

（6）"季夏六月，水潦盛昌，大雨时行。"似乎古代在六月时，雨水甚大，不似后代华北成语中的所谓"十年九旱"或"三年两旱"的情形。这一点也待下面讨论。

（7）"孟秋七月，农乃登谷。"似乎黍最早熟，其他的秋禾，七月开始成熟。这比今天要早一个月，今天华北秋收的开始是在八月而不在七月。

七月又提到"完堤防，以备水潦"。似乎古代一直到七月时，雨水仍然很多。这也与后日的华北不同，后日的华北，以六月为雨量集中之月，到七月雨已有限，少有水潦的危险。河决又当别论。

（8）"仲秋八月，乃劝种麦，毋或失时。"古代到八月时，大部的谷物已经登场，农民已开始有闲，可以及早种麦。今天道理仍然相同，但农民往往因收获的工作尚未忙完，到八月底才得暇种麦，甚至有迟至九月初麦才下种的。为使麦生长足时，最好是在八月中旬下种，古代似乎可以作到此点。后世秋熟较晚，所以宿麦下种也随之延期。也因为如此，所以转年麦熟也延后了一个月，由古代的四月变成今天的五月。宿麦的生成与获量，主要的不在第二年，而在第一年，第一年秋季生长的时间长，对麦实特别有利，第二年何时成熟，在田间生长的时间略长略短，关系反倒不大。所以专就此点而论，古代宿麦的收获量恐怕要高于后世的。

（9）"季秋九月，霜始降。"今日仍然如此。二十四节气中的霜降，今日为"九月中"，就是九月下半月的节气。至今每年下霜，仍在此时，由古至今似乎并无变化。

又，"九月尝新稻，稻初熟。"这也与今日同。把后来由外传入的谷物如玉米之类（晚熟的变种）除外，稻在华北至今仍是最晚熟的谷[①]。九月

---

① 中国原有的稻为晚熟种，九月方才登场。到宋朝大中祥符四年（公元1011年）中国才经福建传来占城稻，是一种比较能够抗旱的早熟稻（见《宋史·食货志上》一）。以今日河北省境而论，小站稻为早熟种，八月上旬登场，京西稻或海淀稻为晚熟种，由八月末尾开始，直到九月上旬的末尾，才全部收割竣事。

但有一点，我们须要注意。今日稻的变种极多，恐怕远非古人所能想象，无人敢说中国今日的晚稻就是先秦的普通稻种。我们惟一所要说明的，就是古代中国只有晚稻，九月成熟，而今日华北的晚稻，成熟仍在九月。

今日与稻同时成熟的尚有玉米，那是明朝晚期欧洲人由新大陆传入中国的。玉米是印第安人对于农业最大的贡献，也有早熟晚熟的变种。早熟种八月上旬收割，与早稻同时；晚熟种八月底、九月初收割，与晚稻同时。

明末有三个人在他们的作品中著录玉米：（1）李时珍《本草纲目》曰："玉蜀黍，种出西土，种者亦罕。"可见明末玉米虽已传来，而种植尚少，尚无今日成为华北许多地方主要民食的情形。（2）王世懋《学圃杂疏》，提到此谷，称为"西番麦"，（3）田艺蘅[人名]《留青日扎》曰："御麦出于西番，旧名番麦，以其曾经进御，故名御麦。"由田氏的记载中，我们或者可以断定，今日通行的"玉米"或"玉蜀黍"一类名词中的"玉"字只不过是"御"的简化字，因为此谷无论就形、色，或任何其他特征言，都与玉联系不上。

此谷在中国各地名称不一，除上面已提到的外，尚有玉高粱、戎菽、玉麦、玉蜀秫、包谷、红须麦、珍珠米等异名。然而最特别的是江淮之间有些地方的"六谷子"之称，证明此谷非同小可，是中国旧有的所谓"五谷"之外的最重要的谷类。

历史学家雷海宗

霜降，此后任何谷物就都不能再生长了。由霜降与稻熟两事看来，生长季节的最后关口，古今完全相同，以大天时而论，古今基本的气候未变。但在大的未变之内，似乎有小的伸缩，而这种小的伸缩对于生产与人生却可发生莫大的影响。这就都属于"事在人为"的范围了，下面当再讨论。

（10）"孟冬十月，水始冰，地始冻。"这也与九月所纪两事一样，古今相同。今日的华北，"水始冰，地始冻"，一般是在十月上旬中旬之间。

（三）较为温湿的古代华北

由上面所论，材料虽嫌不多，但已可看出，古代的农事季节比较后世略早，气候似乎微有不同。三千年前，殷商时代，殷的王畿就是今日的平原省。当时这一带林木较多，由甲骨文中可以看到，王公时常出去猎象。根据《吕氏春秋·古乐篇》的记载，殷人并且训练象队去作战，后来周公东征，才把象驱逐到江南：

> 成王立，殷民反，王命周公践伐之。商人服象，为虐于东夷，周公遂以师逐之，至于江南。

以上一段，与《孟子·滕文公下篇》所记载的是同一件事：

> 周公相武王，诛纣伐奄……灭国者五十，驱虎豹犀象而远之，

天下大悦。

今日的中国，不只北方无象，连江南以至于西南也不见象。三千年来自然变化之大可以想见。《汉书·地理志下》篇，谓粤地（今浙东、福建、两广之地）"处近海，多犀象"，但对江南则未提起，证明在周公驱象的一千年后，粤地仍然有象，但在江南象已绝迹了。有象的自然条件，一需较多的林木，二需较大的雨量，三需较暖的气候。今日的华北，绝不可能自然有象，今日在北方的动物园养象，尚须特别慎重，否则象的寿命随时可以告终。三千年前，华北虽非森林地带，但齐鲁之地林木极丰，其他各地最少山上与山麓都有林木。在自然的林木未被人力毁灭之前，比较的风调雨顺，并且雨量大致是充足的，没有后日华北的经常干旱现象。但因为雨水普遍集中于五、六、七三个月，尤其是六月，如果听其自然，就时常要有立潦的危险。所以从很早以来，可能是自殷商以来，就有一种非常复杂的堤防沟洫制度，使雨水不致成灾，附带的并可供需要时的灌溉。

以上的情形，殷商没有问题，西周时大致仍勉强维持旧观。春秋时代，恐怕问题渐渐发生，自然的林木到春秋晚期大概已被人砍伐殆尽，风调雨顺的美景成了例外；风雨不时，气候生变，《左传》中所记公元前581年的麦熟，虽不能说是最后一次的四月麦熟，但此后恐怕没有能把早至四月的麦秋维持很久。进入战国之后，由孟子在《告子上》篇对于牛山所发的叹息，可见连当初林木较多的齐鲁之地也已是遍地童山，其他各邦可想而知。人力对于自然的摧残，实在可怕。近乎亚热带的昆明，今日有"前山炭，后山炭"的说法。昆明的燃料为木炭，五十年前所烧的还是前山炭，就是面对昆明的山坡上林木所制的炭。今日前山大部已成童山，只有烧后山炭了。但如不及早设法，再过五十年，可能连后山也无炭可烧了！近乎亚热带的云南尚且如此，在温带的地方，如果只知伐林而不知造林，其后果的严重——请看今日的华北，特别请看今日的西北！

　　我们都知道，到战国初期，有所谓"变法"的运动，大家熟知的是商鞅在秦国"废井田，开阡陌"。实际各国无不如此，很多地方改革还在秦国之前。最早发动变法的为李悝。李悝相魏文侯，变魏国法，魏因而成为战国初期最强的国家。不久之后，楚悼王用吴起变法。吴起原与李悝同事魏文侯，对于魏国变法事可能也有贡献。吴起后来由魏转仕于楚，变法的政策恐怕仍是李悝在魏国所作的那一套。商鞅原来也在魏国候差，候差不成，方到秦国，他对李悝的那些办法一定很熟习，到秦国后也就加法炮制。①

　　商鞅变法，一向都说是"废井田，开阡陌"。这简短的六个字，意义极为重要。两句话所讲的是一件事的两面，"废井田"是就耕田本身而言，"开阡陌"是就耕田的疆界而言。阡陌就是古来传下的田间堤防，也是人行径路。《史记索隐》在《秦本纪》"开阡陌"句下引《风俗通》："南北曰阡，东西曰陌。河东以东西为阡，南北为陌。"可见到汉代，残存田间的径路仍用古代"阡陌"的旧名，而河东一地对此两字的用法与其他地方恰巧相反。所谓"开阡陌"，就是把堤防铲平，也就等于说是"填沟洫"，用堤防的土把沟洫填满。当然不能把阡陌全部废掉，大部与交通无关的"径"都被取消，只留下交通所必需的"道""路"，一部分的"畛"'涂"，与极少数的"径"。同时，在水道方面，自然的大川不必说，洫浍大概还保留了一部分，至于特别多的遂沟，恐怕全部或绝大部分都填平了。此种变法之后，多少世代以来比较方正的纵横交错的田野景象，就一去而不复返了。就土地面积论，耕地增加了不少，过去沟洫所占的地方大部已可耕植。所谓李悝"尽地力之教"，所包含的或者方面甚广，但其中的一面恐怕就是这种利用一切土地面积的一点。

----

　　① 关于李悝为变法之祖一点，《晋书·刑法志》曰："是时[曹魏]承用秦汉旧律，其文起自魏文侯师李悝。悝撰次诸国法，著法经……商鞅受之以相秦。"关于商鞅，见《史记·秦本纪》及《商君传》。关于吴起，见《史记·吴起传》。李悝在历史上处在一个关键的地位，可惜司马迁史识浅陋，没有能够根据汉时仍存的丰富资料特别为他立传。李悝的著作或别人论他的作品（见《汉书·艺文志》），后世全部失传，只有《汉书·食货志》保存了一段很简单的有关他"尽地力之教"的文字。

　　这个改革，可能尚有其他社会经济的背景，但这不在我们现在所要讨论的问题范围之内。我们所要注意的，就是在自然方面使此事成为可能的，正是孟子所指出的童山现象。到战国初期，自然林木摧残的程度，已使雨水极不可靠，大部的年岁是雨量不足，沟洫已成虚设，无水可泄，把它填起，也无引起立潦之灾的危险，并且可以增加耕地的面积。在气候与农事方面，战国初期是一个大关键。从此雨量减少，旱灾加多，春夏之间的气候失调，天气一般的过度干燥，谷物的生长逐渐延缓。麦本为四月熟，熟期趋于延后，再加以前一年播种后延的倾向，使麦的晚熟，成为不可避免，最后成了五月熟的谷物。黍本为五月熟，后竟延缓两个多月。开始大熟，原在七月，后来延到八月。种麦原在八月，后来渐渐改到八月底九月初。这一系列的变化，追根究底，都是由人力对自然的盲目摧残所引起。大的自然环境并无变化，农事大关口的霜降，古今一样。但人谋的不臧，使开始农忙的二月与农闲开始的九月之间的各种农民活动与谷物生长发生了剧变，一般的讲，这些变化都是对农事不利的。从战国初年到最近，二千二三百年的功夫，就自然方面讲，华北大致的情形未变，如有变化，只是林木的摧残日愈严重，旱象也日愈成为"正常"。例如关中之地，直到唐朝仍称沃土，但自中唐以下逐渐枯干，演成后日西北的近乎半沙漠的状态。今日的西北，山上不只无树，少数的山上连草也不能生。因为树已烧光之后，只有烧草。草也不济，冬天就到山上挖掘土中的草根，作为燃料。至此山坡的浮土全无保障，转年雨降，把浮土冲刷净光，剩下的岂仅是童山，简直是百分之百的石山，除青苔外，任何植物也不再生长。

　　我们上面推论，自战国初期起，气候与农事的季节开始改变。但战国末年的《吕氏春秋》与战国秦汉间的《礼记》仍说麦熟在四月，黍熟在五月，似乎与推论不合。笔者认为《吕氏》与《礼记》所传，都是照抄古代农书上的文字，并非当时实情。文中谈到一套一套的天子如何如何的繁复仪式，都是春秋以上赋有大巫身份的天子所作的事，到战国时代早已成了过去。战国秦汉间的人，一般的只讲理论与古典，对于眼前的事反不太注意。可惜关于战国秦汉六百年，找不到与农事季节有关的具体记载；最早的此类资料，到晋朝才又见到。《晋书·五行志下》篇有下面两段文字：

> 咸宁五年（公元279年）五月丁亥，巨鹿，魏郡，雨雹，伤禾麦……六月庚戌，汲郡，广平，陈留，荥阳雨雹。景辰[丙辰]又雨雹，陨霜，伤秋麦千三百余顷。
>
> 太康元年（公元280年）五月，东平，平阳，上党，雁门，济南雨雹，伤禾麦。

以上一连两年，都讲五月雨雹伤麦，其中一年五六两月都提到麦受雹灾，证明至迟到三世纪晚期，麦熟已不在四月，而已延至五月，甚至可以晚至六月。但我们可以断定这并非三世纪晚期才有的现象，由各方面的材料综合看来，六百年前恐怕已开始生变，至迟到战国中晚期时（公元前300年左右），农事的季节恐怕已与今日无大分别，甚至可能在李悝的时候（公元前400年左右）变化已很彻底，已与今日大体相同。

（四）今日的情况与前景

上文所论，都是过去人谋不臧的情形，今后我们当然不会再像过去的一切听其自然。上论的凄惨景象全出人为，既出人为，人力也就很易补救。近来我们已在计划在中国的北边种植防沙林带，在内地也计划大规模植林，两种计划实现后，华北应当不难恢复三千年前的温湿环境。我们纵然不能希望再在此地猎象，其他的三千年前景物可能都再出现，华北的外观很可能要接近于今日的江南。撇开并行发展的科学技术不谈，只此一点，就必将大量增加华北各地的农业生产。

今日我们的造林计划尚未大规模实施，然而最近几年已发现气候与季节在开始转变，关于这个转变，最值得注意的有下面两点：

（一）冬春之际已无黄风沙。抗战之前，每年冬春之际，一定有一两次惊人的风沙，黄尘弥天，对面不见人，白昼即须点灯。风过之后，屋里屋外都是一片黄世界。但由1946年冬到1950年春，四度冬春，没有发生过一次此类的大风沙。这恐怕绝非偶然。此种令人可喜的变化，何年开始，可惜难考。抗战与胜利的九年之间，找不到与此有关的观察资料，无从判断。所以我们只能说是1946年以下开始无大风沙。

（二）二月兰开花时期发生变化。华北有一种十字花科的野草，俗名二月兰，学名旧称moricanda sonchilolia，新称orychophragmus violaceus。我们所要注意的是它的俗名。就俗名论，此花一向名实不甚符合。名为二月兰，但过去开花总要到三月，即清明之后。笔者注意此事，将近四十年，只要是身在华北，每到春季必观察此花没有例外的花期一定是在清明之后。私下曾有一个假定，就是此花从前开放是在二月，后来不知何故花期改晚，但习惯上仍称二月兰。然而这也只是假定而已，无法证明。1946年复员北返后，转年就发现此花开放有提早的趋势，1950年特别惹人注意，在清明前已零零

二月兰

169

散散地开花，清明一过遍地怒放。这是前所未有的花事，并且一定又是事出有因的。

以上两点，我们可以总括如下：（一）华北风沙减少，那就是说北边与西北边沙漠地带的沙粒刮到华北的已经大量减少；（二）花开提早，也就等于说，春暖略为提早，植物的生长季节略为向前加长。

这以上两事，我们要如何解释呢？除一部分或为自然界临时的或偶发的现象外，另一部分可能与苏联中亚细亚几个加盟共和国中的大规模植林、养草与垦田，以及在苏联协助之下蒙古人民共和国的彻底建设与开发不无关系。中国北方与西北方两面的飞沙来源都在大量减少之中，这可能是我们这几年不见大风扬沙的基本原因。同时，近邻改造自然所引起的变化，也一定影响到我们的国土，生长季节的加长，间接的或者就由此而来。近几年雨量的趋于增加，主要的虽决定于太平洋的气流，但间接的可能也与中亚、北亚改造自然的事业有关。这当然不是说，近几年的多雨要成为正常现象，将来一定不会有旱灾，而是说今后比过去两千年可能要较为风调雨顺。

以上的推论如可成立，将来我们不仅可以恢复古代的景象，并且可以超迈前古。就中国自己讲，我们用科学方法大事建设与改造自然之后，整个环境应当远优于殷周之际听其自然的局面。再有一点，我们西北与北边边疆以外的大环境，一万年来，自世界发展较快的地带由旧石器文化过渡到新石器文化以来，虽也有过变化，但自中国有比较可靠历史的殷商一代以来，大体没有改变，就是一般人印象中的沙漠状态。现在这个大环境已被苏联从根本上加以改造，并且仍在继续改造之中，所以我们将来无论就内部讲或就外边讲，所处的都将是一个全新的世界，今日一想到华北就在脑中浮起的干旱平野印象，大部将要成为历史上的陈迹。

恐怕许多人不容易想象华北成为山清水秀之乡，还有一个不甚自觉的原因，就是因为这是"北"方。例如一提到北京的位置，人们大概就联想到莫斯科、华沙、柏林、巴黎、伦敦，而不知这些城市都远在我们之北。我们如果顺着直线把北京向西推移，可把它推到地中海上，在地中海上选定地点停住之后，向外一望，就可发现连罗马还在北京之北，与北京并列而稍微偏南的是雅典与里斯本。当然，大陆的华北与海国的希腊、意大利或葡萄牙，不能相提并论，但过去华北的干荒景象的确是人为的成分多，自然的成分少，我们只要好自为之，将来的新华北要超过我们今天所能想象的程度。

（五）重建沟洫问题

美好的远景，没有问题。但这里有一个目前就须注意到的小问题，就是最近两年有些个别区域所遭到的淫雨之灾。最近两年离奇的大雨，一定不会长久继续，但上面的推论如果正确，今后华北要比较的风调雨顺，雨量也要比较的增加。若果如此，雨水宣泄就成了一个急迫的问题。立潦是非常可怕的，从某一方面讲，较河决的冲没尤为严重。河决影响的范围，有一定的限度。大雨成灾，可以波及河决的洪水向来不能达到的地方。并且立潦的性质，恐怕也时常被人忽略。河决后的水潦与大雨后的立潦，性质根本不同。河决之潦乃深水淹没之潦，水深一尺以及数尺，一切禾稼完全淹死。这是绝对的，除非事先防河不决，否则一决之后，就已无计可施。但河决的问题，不属本文讨论的范围，可暂不谈。至于大雨淹田，浅则一二寸，除沼泽之地外，最深亦不过数寸，平地雨水盈尺，在华北为不可见的事。三数寸的水，实际不出几天就都渗入土中，禾稼本可不受损害，其损害不来自雨水，而来自雨后的阳光。积水一二寸之后，天气放晴，亢阳大照一日，水已半沸，把禾稼蒸萎，收获当然减成。如果水深数寸，一时不能渗完。三五天、五六天的日晒，把禾稼几乎蒸熟，结果只有焦黄死去。反之，假定积水后，雨停而天阴，让雨水慢慢地渗净，则禾稼可以不受损害，或只受极轻微的损害。此理讲明后，沟洫的功用不言而喻了。如开沟洫，田间只要积水，立刻放入沟中，立潦发生的可能就将减少到最低的限度。古代雨量较大，就是靠沟洫避免立潦的时常发生。战国以下，林木的砍伐使雨量减少，沟洫填平，也少有立潦的危险。现在看来，雨量可能又要较过去两千年略为增加，类似古代沟洫的办法必须采用，方能避免立潦之灾。[①]

新的沟洫制度如要建立，为免发生大的困难与错误，可先作小规模的尝试。第一，可先由目下已有的少数国营农场作起。另外，可选择少数地势与政治条件都适合的农村，来作试验。在这两种情形下，学习经验，发现问题，如果证明确有必要，再推行全国，或最少是推行华北。

最少就华北而论，沟洫主要的功用是宣泄，而非灌溉。华北总是比较干燥的地带，如真天旱，沟中的一点积水恐怕很快的就要蒸发净尽，很少能供灌溉之需。在没有可以实行的更好的办法之前，真要灌溉，恐怕仍靠打井；只有普遍的打井，才能使华北永脱干旱之苦。

惟一可能的重要反对意见，就是把一部分良田开为沟洫，未免太不经济，太不合"尽地力之教"的道理。此点诚然。但沟洫仍可供生产之用，并非完全荒废。例如种藕，既省精力，又可增加菜食的供应。如善于计划，沟中甚至可以养鱼，使终年素食的农民食谱得到调剂。但如果要保障沟洫的生产，就更需要打井，天旱时不只需要井水灌田，并且也要灌沟。所以凡是挖掘沟洫的地方，同时也要挖井。

另外还有一个可能的问题要考虑的，就是沟洫纵横，将来难免要阻碍农业经济集体化时机器的自由运用。这的确是一个应当照顾到的问题。但此中困难并不太大，将来如果发现阻碍，可将内圈的较小沟洫填起，让机器有回旋的余地，把外圈的沟略为加宽或加深，仍可适合泄水的需要。填满的工程远比挖沟简单，在今日无需顾虑到此。目前的问题，是如何为平坦的田，尤其是低洼的田，解除立潦的威胁。

[①] 近两年的多雨，使我们在北京近郊可以具体地明了沟洫的功用。北京近郊公路的两旁，多有明沟，乃为防止公路夏季积水而设。最近两年，夏季沟满，公路交通仍然无阻。但附带受益的还有沟旁的农田，田中的余水也都流入沟中，所以路旁的田没有受灾。然而不出一二里之外的田，只要较为低洼，就或多或少地遭到立潦。

此种沟洫制度如能实行，除解决立湨问题外，尚可能另有一个良好的影响，就是给农民一个在日常生产活动中学习合作的机会，为将来集体农场的建设铺平道路。农民一向是惯于个体经济的，须靠合作来挖掘与维持利用的沟洫系统或者是将来能够体会集体经济的一个助力。假定每一个自然村，甚至每一个行政村，作为一个沟洫系统的单位，这恐怕是在形象上、意识上、与具体工作上训练合作的一个相当有效的办法。

至于华中、华南，无论是平地的水田或山地的梯田，一向依赖灌溉，农民之间多少都有过合作的经验，不过合作的程度不高，规模不大，不够系统化。将来土改完成后，如能鼓励他们，使灌溉更加系统化，合作的范围更加扩大，也可成为集体生产的一种准备学习。

（原载《社会科学》第 6 卷第2期，作于1950年8月31日）

《史记》研究

傅斯年

第一节　《史记》研究参考品类

《史记》一部书之值得研究处，大致可分为四个意义。第一，《史记》是读古书治古学的门径，我们读汉武帝以前之遗文，没有一书不用把他来作参考。他自己既是一部金声玉振的集大成书，又是一部很有别择力的书，更是一部能够多见阙疑，并存异说的书，且是汉武帝时代的一部书，还没有被着后来治古文学者一套的"向壁虚造"之空气，虽然为刘子骏等改了又改，确已引行了很多"向壁虚造"去，究竟因矛盾可见其增改，又已早为刘申受等所识破。在恰好的时代，以壮大的才力，写了这一部集合他当年所及见一切书的书，在现在竟作了我们治古学之入门了。第二，《史记》研究可以为治古书之训练，将《史记》和经传子籍参校，可以做出许多有意义的工夫。且《史记》一书为后人补了又补，改了又改，因此出了许多考证学的问题，拿来试作若干，引人深思远想。第三，太史公既有大综合力，以整齐异说，又有独到的创见，文词星历，综于一人，八书、《货殖》诸传之作，竟合近代史体，非希腊罗马史学家所能比拟，所以在史学上建树一个不朽的华表，在文词上留给后人一个伟壮的制作，为《史记》研究《史记》，也真值得。第四，《史记》作于汉武时，记事迄于天汉（考详后）。武帝时代正是中国文化史政治史上一个极重要的时代，有他这一部书，为当年若干事作含讥带讽的证据，我们藉得不少知识。

然而《史记》不是容易研究的书，所有困难，大概可以别为三类：第一，太史公书百三十篇，当他生时本未必已写定本，"既死后，其书稍出，宣帝时，迁外孙平通侯杨恽祖述其书，遂宣布焉"，而恽又遭戮，同产弃市。其后褚少孙等若干人补之，刘歆等若干人改之，杨终等删之，至于唐时，已经无数转改，现在竟成古籍中最紊乱者。第二，太史公所据之书，现在无不成问题者，《世本》已佚，《战国策》是否原本，吴挚甫对之成一有价值之设论，《尚书》则今文各篇，现在惟凭附伪孔传而行，而《左氏春秋》尤成莫大之纠纷，今只有互校互订，以长时间，略寻出若干端绪。第三，《史记》一书之整理，需用若干专门知识，如语言学天文学等，必取资以考《春秋左氏》者，亦即是《史记》一书之问题，不仅辨章史事，考订章句而已。虽然工作之趣，在与困难奋斗时，不在怡然理顺之后，《史记》研究既有此价值，则冒此困难，毕竟值得。

如果想以一人之力，成《史记》之考订，是办不到的。幸而近代二百年中，学者对于《史记》中大节细事，解决不少，提议的问题尤多，如能集合之加以整理，益以新观点，所得已经不少。又《八书》中若干事，及《匈奴》《大宛》诸传之考实，巴黎沙万君于翻译时增甚多考释，极为有价值，而今古学之争，自刘逢禄至崔适，虽不免合着甚多"菲尝异议，可怪之论"，究竟已经寻出好多东西来，这都是我们的凭藉，且他地尚有若干学者，我们可以通函询问。我们第一步自然是把《史记》从头到尾细读一遍，这是我们设这一课的第一个目的。第二步是找出若干问题，大家分别研究去。第三步，如果大家长期努力，或将《史记》一书中若干头绪，整理出不少来，共同写成一书，也是一番事业。

司马子长生世第一

《史记·太史公自序》　　因每人须备《史记》一部，故不抄录。

《汉书·司马迁传》　　仅录班氏抄完自序以后之文。

《魏志·王肃传》　　录一段

王国维《太史公行年考》　　按自乾嘉时，孔氏庄氏以来之今文说，王氏俱不采。此等今文说诚有极可笑者，然亦有不可易者。王君既挟此成见，则论《史记》宜有所蔽，如"从孔安国问故""十岁读古文"等，为之空证纷纭矣。

第二节　老子申韩列传第三[①]

老子者

《礼记》曾子向郑注，"老聃者古寿考者之号也，与孔子同时"。老非氏非地，寿考者皆可称之，如今北方称"老头子"。儋，聃，老莱子，三名混而为一，恐正由此称之不为专名。

楚苦县厉乡曲仁里人也。

苦县之名始于何时，不可知。苦邑未必始于秦汉，然苦县之名容是秦灭楚为郡后改从秦制者也。楚称九县，仍是大名，郡县未分小大（郡即君之邑，七国时关东亦封君，楚初称公如叶公，后亦称君，如春申君。至于县是否六国亦用之，待考。汉人书固有叙六国地称县者，然汉人每以当时之称称古，未可即据也。后来秦置守尉，郡存而君亡矣。郡县"悬附之义"乃封建之词，而后来竟成与封建相对之制）。苦在汉属淮阳，淮阳时为国，时为郡。东汉改为陈郡，盖故陈地也（见《汉书·地理志》陈分野节）。《史记·十二诸侯年表》，敬王四十一年，即鲁哀公十六年，楚惠王十年，陈滑公二十三年，楚灭陈，其年孔子卒。故如老子是楚人，则老子乃战国人，不当与孔子同时，老子如与孔子同时，乃苦之老子，非楚人也。又汉人称楚每括故楚诸郡，不专指彭城等七县，太史公盖以

[①] 编者按：《史记》作《老子韩非列传第三》，传中言及申不害。

汉之楚称加诸春秋末战国初人耳。

姓李氏

案姓氏之别，在春秋末未泯，战国末始大乱，说详顾亭林《原姓篇》，《论世本》一节中当详引之。太史公心中是叙说一春秋末人，而曰姓某氏，盖姓氏之别，战国汉儒多未察，太史公有所谓轩辕氏商阳氏者，自近儒考证学之精辨衡之，疏陋多矣（《论语》称夏日夏后氏，称殷曰殷人，盖殷虽失王，有宋存焉，夏则无一线绍述之国，杞一别支而已，必当时列国大夫族氏中有自称出自夏后者，遂有夏后氏之称，"固与"夏氏甚不同义。如顾氏所考，王室国君均有姓无氏也）。

名耳，字伯阳，谥曰聃。[①]

《史记·志疑》二十七，"案：老子是号，生即皓然，故号老子（见三国葛孝先《道德经序》），耳其名（《神仙传》名重耳），聃其字（《吕览·不二》《重言》两篇作老耽），非字伯阳。字而曰谥者，读若王褒赋谥为洞箫之谥，非谥法也（说在《孟尝君传》）。盖伯阳父乃周幽王大夫，见《国语》，不得以老子当之。又《墨子·所染》《吕氏春秋·当染》并称舜染于许由伯阳，则别一人，并非幽王时之伯阳父。乃高诱注吕，于《当染篇》以伯阳为老子，舜师之（《吕·本意篇》，尧舜得伯阳续耳也）；而于《重言篇》以老耽为论三川竭之伯阳，孔子师之（《周纪集解》引唐固亦云，伯阳甫老子也）；岂不谬哉？但《索隐》本作名耳字聃，无'伯阳谥曰'四字；与《后书·桓纪延熹八年注》引史合。并引许慎云，聃，耳曼也，故名耳，字聃，有本字伯阳，非正。老子号伯阳父，此传不称，则是后人惑于神仙家之传会，妄窜史文。《隶释老子铭》《神仙传》《抱朴子·杂应》《唐书宗室表》《通志氏族略四》《路史后纪七》，并仍其误耳。《至路史》载老子初名元禄（注谓出集真录），《酉阳玉格》言老子具三十六号，七十二名，又有九名，俱属荒怪，儒者所不道"。案：梁说是也，惟谓老子生即皓然，恐仍是魏晋以来

---

①编者按：《史记·老子列传》作"字聃"。无"字伯阳，谥曰聃"六字。

177

中国历史学之父司马迁

神仙家之说，陆德明亦采此，盖唐代尊老子，此说在当时为定论矣。

孔子适周，将问礼于老子。

《孔子世家》云，"鲁南宫敬叔言鲁君曰，请与孔子适周，鲁君与之一乘车两马一竖子，俱适周，问礼，盖见老子云。辞去，而老子送之，曰'吾闻富贵者送人以财，仁人者送人以言。吾不能富贵，窃仁人之号，送子以言，曰，聪明深察而近于死者，好议人者也，博辩广大危其身者，发人之恶者也，为人臣者毋以有己，为人子者毋以有己'"。与此处所叙绝异。此盖道家绌儒学之言，彼乃儒家自认之说，故分存之也。孔子见老子否，说详后。

至关，关令尹喜曰，"子将隐矣，强为我著书"。

关尹老聃：《庄子·天下篇》并称之，盖一派也。其书在《汉志》所著录者久佚，今传本乃唐宋所为，宋濂以来，辩之已详。

莫知其所终。

此为后来化胡诸说所依据，太史公如此言，彼时道家已杂神仙矣（《淮南子》一书可见）。

或曰：老莱子亦楚人也。

《庄子·外物篇》举孔子问礼事，即明称老莱了。

以其修道而养寿也。

黄老之学，原在阴谋术数及无为之论，杂神仙后始有此说。

自孔子死之后百二十九年，而史记周太史儋见秦献公。

此事见《周本纪》烈王二年，及《秦本纪》献公十一年，上溯孔子卒于敬王四十一年，为百有六年，与百二十九年之数不合。"故与秦国合"，谓西周时秦马蕃息泩渭间也。"离"，谓东周迁也。"离五百岁而复合"谓秦灭周也。"合七十岁而霸王者出"，霸王当指秦皇，然赧王之世，秦皇乃生，西周灭后，至秦皇立，恰十年，非七十年。此说在《史记》四见、《周纪》《秦纪》《封禅书》《老子传》、或作十七、或作七十、或作七十七。无论如何算，皆不合。恐实是十岁、两七字皆衍，或则谶语本不可确切求之也。

此所谓《史记》当是秦史记，彼时秦早有王天下之心，故箕子抱祭器适周之说，有拟之者矣。

或曰，儋即老子，或曰非也，世莫知其然否。老子，隐君子也。

子长时，老子传说必极复杂矛盾，子长能存疑，不能自决（《孔子弟子列传》亦书两老子为孔子所严事者，此外尚有迈伯玉、晏平仲、孟公绰、长弘、师襄、又是后人增之者。子长此处但凭书所记者列举之，正无考核及伦次也）。世之学老子者则绌儒学，儒学亦绌老子。

老子儒学之争，文景武世最烈。辕固生几以致死（见《儒林传》），武帝初年窦婴田蚡王绾皆以儒术为窦太后所罢。及武帝实秉政，用公孙宏董仲舒言，黄老微矣。谈先黄老而后六经，迁则儒家，然述父学，故于老氏儒家之上下但以道不同不相为谋了之耳。

与梁惠王、齐宣王同时。

如此则亦孟子同时人。

然其要本归于老子之言。

老庄不同，《天下篇》自言之。阴谋术数之学，庄书中俱无之，庄书中有敷衍道德五千言之旨者，亦有直引五千言中文句者，（如"故曰鱼不可脱于渊，国之利器不可以示人"。）然庄书不纯，不能遽以此实其为老子之学也。子长之时，庄非显学，传其书者，恐须托黄、老以自重，故子长所见多为比附老氏者。

作《渔父》《盗跖》《胠箧》，以诋訾孔子之徒，以明老子之术。《畏累虚》《亢桑子》之属，皆空语，无事实。

今本《庄子》，西晋人向秀所注，郭象窃之，附以《秋水》诸篇之注，而题为郭象注者（见《晋书》）。此本以外者，今并不存，但有甚少类书等所引可辑耳。子长所举诸篇，在今本《庄子》中居外篇杂篇之列，而子长当时竟特举之，盖今本《庄子》乃魏晋间人观念所定，太史公时，老氏绌儒学，儒学绌老氏，故此数篇独重。司马贞云，"按，庄子，畏累虚，篇名也，即老聃弟子畏累"。今本无此篇，仅庚桑楚云，老聃之役有庚桑楚者，遍得老聃之道以北居畏累之山。此与司马子正所见不合矣。是子正犹及见与向郭注本不同之庄子也。

京人也。

《左传》隐元年，"请京，使居之，谓之京城大叔"，或申子郑之京人也。

本于黄、老，而主刑名。

黄、老一说，恐汉初始有之，孟子论杨、墨，《庄子·天下篇》，《韩非·显学篇》，以及《吕览》，均不及此词。盖申实刑名之学，汉世述之者自附于黄、老，故子长见其原于道德之意。

而其本归于黄、老。

如可据今本《韩子论》，韩子乃归于阴谋权数之黄、老耳。

人或传其书，至秦，秦王见《孤愤》《五蠹》之书，曰，"嗟乎，寡人得见此人，与之游，死不恨矣"。

此所记恰与子长《报任少卿书》所云"韩非囚秦，《说难》《孤愤》"

相悖，彼是此必非。今本《五蠹》《孤愤》《说难》等篇，皆无囚秦之迹可指，大约《报任少卿书》所云正亦子长发愤之词耳（《吕览》成书，悬金国门，决非迁蜀后事）。

申子卑卑。

言其专致综核名实之小数也。

皆原于道德之意。

刻薄寡恩，而皆原于道德之意，此甚可思之辞也。道德一词，儒用之为积极名词，道用之为中性名词。故儒不谈凶德，而道谈盗者之道。韩文公云，道与德为虚位，仁与义为定名，此非儒者说，五千文中之说耳。刑名此附于道德五千言，《韩子书》中亦存《解老》《喻老》，虽"其极惨礉"，仍是开端于五千文中。故曰，皆原于道德之意。

按《老子申韩列传》，在唐以宗老子故，将老子一节升在伯夷上，为列传第一，今存宋刻本犹有如此者。此至可笑之举，唐之先世是否出于陇西，实未明辽，在北周时，固用胡姓大野矣，而自托所宗于老子。当时人笑之者已多，所谓圣祖玄元皇帝，诚滑稽之甚。

黄、老刑名相关处甚多，故老、庄、申、韩同传。三驺子比傅儒家言，而齐之方士又称诵习孔子之业（《始皇本纪》扶苏语），故三驺与孟、荀同传，亦以稷下同地故也。

第三节　十篇有录无书说叙

《汉书·司马迁传》云："十篇缺，有录无书。"张晏曰："迁没之后，亡《景纪》《武纪》《礼书》《乐书》《兵书》、汉兴以来《将相年表》《日者列传》《三王世家》《龟策列传》《傅靳列传》。元成之间，褚先生补缺，作《武帝纪》《三王世家》《龟策日者列传》，言辞鄙陋，非迁本意也。"又十篇有录无书说，亦见于《汉艺文志》。东汉人引《史记》，无与此相反者。卫宏汉《旧仪注》云："太史公作《暴帝纪》，极言其短，及武帝过，武帝怒而削去。"《魏志·王肃传》云："帝（明帝）又问，司马迁以受刑之故，内怀隐切，著《史记》，非贬孝武，令人切齿。对曰，司马迁记事不虚美，不隐恶，刘向、杨雄称其善叙事，有良史之材，谓之实录。汉武帝闻其述《史记》，取孝景及已本纪览之，于是大怒，削而投之，于今此两纪有录无书。后遭李陵事，遂下蚕室。此为隐切在孝武而不在于史迁也。"按，卫宏所记，每多虚妄（如谓太史公位在丞相上），明帝之语，有类小说，固不可遽信，然必东汉魏人不见《景纪》，然后可作此说，否则纵好游谈，亦安得无所附丽乎？子长没后三百年中，十篇缺亡，一旦徐广裴骃竟得之，在赵宋以后，刻板盛行，此例犹少，在汉魏之世，书由绢帛，藏多在官，亡逸更易，重见实难，三百年中一代宗师所不见，帝王中秘所不睹，而徐裴独获之于三百年后，无是理也。故十篇无书之说，实不可破，而张晏所举，《景纪》外固无疑问，《景纪》之亡，则卫说王传皆证人也。今本十篇之续貂俱在，清儒多因而不信张晏说，即《史记志疑》之作者梁君，几将《史记》全书三分之二认为改补矣，反独以《景纪》《傅传》为不亡，是其疏也。今试分述十篇续貂之原，以疏张晏之论。

《景纪》　　《景纪》之亡，有《卫书·王传》为证，无可疑者。然梁君曰，"此纪之文，亦有详于汉书者，如三年徙济北王以下五王，五年徙广川王为赵王，六年封中尉赵绾为建陵侯，至梁楚二王皆薨，班书皆无之，则非取彼以补也。盖此纪实未亡尔"。不知此类多过《汉书》之处，皆别见《史记》。汉兴以来《诸侯表》《惠景间侯者表》中，记载偶有出入，然彼长此短，若更据《汉书》各表、各传以校之，恐今本《史记》无一句之来历不明也。补书有工拙，此书之补固工于礼乐诸书，然十篇之补不出一人，讵可以彼之拙，遂谓工者非补书耶？且张晏举补者之名，仅及一纪一世家二传，未云其他有补文，则此十篇今本非出于一手甚明矣。

《武纪》　　此书全抄《封禅书》，题目亦与《自叙》不合。太史公未必及见世宗之卒，而称其谥，此为其伪不待辩也。钱大昕《考异》云，"余谓少孙补史，皆取史公所缺，意虽浅近，词无雷同，未有移甲以当乙者也，或魏晋以后，少孙补篇亦亡，乡里妄人取此以足其数耳"。

汉兴以来《将相年表》　　梁云，"案《表》云，孝景元年置司徒官，不知哀帝始改丞相为大司徒，光武去大乃称司徒，孝景时安得有此官（此说自清官本始），又述事至孝成鸿嘉元年，殆自表其非材妄续耶"？按，梁说是也。此篇当是据《汉书·百官公卿表》所记，参以《太史公自叙》，"国有贤相良将，民之师表也。维见《汉兴以来将相名臣年表》，贤者记其治，不贤者彰其事，作《汉兴以来将相名臣年表第十》"。诸语敷衍而成者。其中竟有大事记，作表有此，本纪何为者？（又《国除削爵亡卒》，在他表均不倒文，在此篇独倒，明其为后人所为也。）

《礼书》《乐书》　　《礼书》抄自《荀子礼论》，《乐书》抄自乐记，篇前均有太史公曰一长段，容可疑此书仅存一叙，然礼、乐两书之叙，体裁既与《封禅》等书不合，且其中实无深义，皆摹仿太史公文以成之敷衍语。即如《乐书》之叙，开头即是摹十二诸侯表叙语，然彼则可缘以得鲁诗之遗，此则泛泛若无所谓。是此两叙皆就《汉书·礼乐志》中之故实，摹子长之文意，而为之；今如将此两篇与诸表之叙校，即见彼多深刻之言，存汉初年儒者之说，此则敷衍其词，若无底然，亦无遗说存乎其中，更将此两篇与《汉礼乐志》校，又宜见其取材所自也。

《兵书》　　今本目中题律书，然就自叙所述之意论之，固为《兵书》也，今本乃竟专谈律，又称道"闻疑"，强引孙吴，以合自叙，愈见其不知类。此篇初论兵家，次论明阳，末述律吕，杂乱无比。汉魏入《乐书》不存，惜不能就其所据之材料而校核之也。张晏称之曰《兵书》，盖及见旧本，《颜书》据今本《律书》驳之，不看自序文义，疏误之甚。

《三王世家》　　《三王世家》之来源，褚先生自说之，其文云：

臣幸得以文学为侍郎……而解说之。

乃今本《三王世家》竟有太史公曰一段，且谓燕齐之事无足采者，为此伪者真不通之至。子长著书之时，三王年少，无世可纪，无事可录，故但取其策文，今乃曰其事无足采者，是真不知子长为何时人，三王当何年封矣（三王当元狩六年封）。

此篇"王夫人者……"以下，不知又是何人所补，然此实是汉世掌故及传说之混合，与礼乐诸书有意作伪者不同也。

《日者列传》　此书之补，褚先生曰以下者，应在先，司马季主一长段，又就褚少孙所标之目，采合占家之游谈，以足之者也。此篇中并引《老子》《庄子》于一处，而所谓庄子者不见今《庄子书》，意者此段之加，在晋初，彼时老庄已成一切清谈所托，而向郭定本《庄子》犹未及行耶？

《龟策列传》　此亦刺取杂占卜者之辞为之，"褚先生曰"以下，当是旧补（但直接褚先生曰数句颇疑割裂），其前一大段，及记宋之王事，又是敷衍成文，刺取传说以成此篇未缺之形式者，应为后来所补。《日者》《龟策》两篇文词鄙陋，张晏、司马贞俱言之。

《傅靳周列传》　此全抄《汉书》者，束敷衍毫无意义之替以实之。稍多于《汉书》处，为封爵，然此均见《史记》《汉书》诸表者。周傅高祖十二年以缲为蒯成侯，在击陈豨前，然击豨在十年，《汉书》不倒，抄者误也。

综上以观，褚先生之补并非作伪，特欲足成子长之书，故所述者实是材料及事实之补充，且明题褚曰，以为识别。若此诸篇之"太史公曰……"者，乃实作伪之文，或非张晏所及见。补之与作伪不可不别也。褚补《史记》不只此数篇，然他处补者尚有子长原文，褚更足之，此数篇中有录无书，故补文自成一篇，张晏遂但举此也。故此十篇中有褚补者，有非褚补者，非褚补者乃若作伪然，或竟是晋人所为，盖上不见于张晏，下得入于裴书耳。伪书颇有一种重要用处．即可据以校古书。有时近本以流传而有讹谬，伪书所取尚保存旧面目者，据以互校，当有所得矣。

第四节　论《太史公书》之卓越

《太史公书》之文辞，是绝大创作，当无异论。虽方望溪姚姬传辈，以所谓桐城义法解之，但识碔砆，竟忘和璧，不免大煞风景，然而子长文辞究不能为此种陋说所掩。今不谈文学，但谈史学，子长之为奇才，有三端焉：一、整齐殊国纪年。此虽有《春秋》为之前驱，然彼仍是一国之史，若列国所记，则各于其党，"欲一观诸要难"（《十二诸侯表》中语）。年代学Chronology乃近代史学之大贡献，古代列国并立，纪年全不统一，子长独感其难，以为十二诸侯六国各表，此史学之绝大创作也。我国人习于纪年精详之史，不感觉此功之大，若一察希腊年代学未经近代人整理以前之状态，或目下印度史之年代问题，然后知是表之作，实史学思想之大成熟也。二、作为八书。八书今亡三篇，张晏已明言之，此外恐尚有亡佚者，即可信诸篇亦若未经杀青之功。然著史及于人事之外，至于文化之中礼、乐、兵、历、天官、封禅、河渠、平淮各为一书，斯真睹史学之全，人文之大体矣。且所记皆涉汉政（天官除外），并非承袭前人，亦非诵称书传，若班氏所为者，其在欧洲，至十九世纪始有如此规模之史学家也。凡上两事，皆使吾人感觉子长创作力之大，及其对于史学观念之真（重年代学括文化史），希腊罗马史家断然不到如此境界。皆缘子长并非守文之儒，章句之家，游踪遍九域，且是入世之人，又其职业在天官，故明习历谱，洞彻人文。子长不下帷而成玮著，孟坚但诵书而流迂拘，材之高下固有别矣。三、"疑疑亦信"。能言夏礼，杞不足征，能言殷礼，宋不足征，文献不足，阙文尚焉，若能多见阙疑，慎言其余，斯为达也。子长于古代事每并举异说，不雅驯者不取，有不同者存之，其在老子传云，"或曰，儋即老子，或曰非也，世莫知其然否，老子隐君子也"，或疑其胸无伦类，其实不知宜为不知，后人据不充之材料，作逾分之断定，岂所论于史学乎？子长盖犹及史之阙文也，今亡矣夫！

第五节　论司马子长非古史学乃今史学家

孟坚叙子长所取材，曰："司马迁据《左氏》《国语》，采《世本》《战国策》，述楚汉春秋，接其后事，讫于天汉。其言秦汉详矣。至于采经摭传，分散数家之事，甚多疏略，或有牴牾。"此信论也。子长实非古史家，采取诗书，并无心得。其纪五帝三代事，但求折衷六艺耳，故不雅驯者不及，然因仍师说，不闻断制，恐谯周且笑之矣。《史记》记事，入春秋而差丰，及战国而较详，至汉而成其烂然者矣。其取《国语》，固甚有别择，非一往抄写。《战国策》原本今不见，今本恐是宋人补辑者（吴汝纶始为此说），故不能据以校其取舍。楚汉《春秋》止记秦楚汉之际，子长采之之外，补益必多，项刘两纪所载，陆贾敢如是揶揄刘季乎？今核其所记汉事，诚与记秦前事判若两书，前则"疏略牴牾"，后则"文直事核"矣。彼自谓迄于获麟止（元狩元年），而三王之封，固在元狩六年，已列之世家，是孟坚以《史记》迄于天汉之说差合事实。其记汉事，"不虚美，不隐恶"，固已愈后愈详，亦复愈后愈见其别择与文采。若八书之作，子长最伟大处所在，所记亦汉事也。又子长问故当朝，游迹遍九域，故者未及详考，新者乃以行旅多得传闻。以调查为史，亦今史之方，非古史之术。盖耳闻之古史，只是神话，耳闻之近事，乃可据以考核耳。

府兵制的起源及其评价

岑仲勉

一、起源

府兵这名词，在旧日史学界中，是常挂齿颊的，是得人羡慕的；而其制度怎样，大致来说，却是暧昧的。这种现象，我国历史上的重要问题，屡屡会碰着，府兵问题尤其突出。"府"字古人多作"财物所聚"和"官吏所居"解，像西汉的材官、羽林或南军、北军，三国的部曲等以前的兵制，没有以"府"为名的。府兵的起源一般人上推至西魏，然而我们要问，这种制度是不是西魏自创的呢？当西魏大统初年（公元535—542年），宇文泰正在竭力抵抗东魏高欢的进攻，连年战争不息，要说在风雨飘摇之际，从容地来创立一种新兵制，似为时势所不许。直至近年，陈寅恪才揭出它是鲜卑兵制；宇文泰于522年（北魏正光三年）顷，已做了军官，北魏兵制应该是他所素知的，说府兵的组织方法由鲜卑族传下，是有相当的理由的。

代表鲜卑族的拓跋王朝，入主中国仅150年（公元386—533年），我们既然说府兵是鲜卑兵制，《魏书》里面总应该有多少事实可资证明。《魏书》卷五八《杨椿传》说："自太祖（即道武帝）平中山（公元397年），多置军府，以相威振，凡有八军，军各配兵五千，食禄主帅，军各46人。自中原稍定，八军之兵，渐割南戍，一军兵才千人。"可见拓跋朝初期早有"军府"的名称。又《北齐书》卷二三记正光四年（公元523年）魏兰根跟随李崇往讨蠕蠕（又作"茹茹"），曾对崇说："缘边诸镇，控摄长远，昔时初置，地广人稀，或征发中原强宗子弟，或国之肺腑，寄以爪牙。中年以来，有司乖实，号曰府户，役同厮养，官婚班齿，致失清流，而本宗旧类，各各荣显，顾瞻彼此，理当愤怨。更张琴瑟，今也其时……宜改镇立州，分置郡县，凡是府户，悉免为民，入仕次叙，一准其旧，文武兼用，威恩并施，此计若行，国家庶无北顾之虑矣。"

"府兵"的名称，应由"府户"所引生。又正光五年（公元524年）八月北魏孝明帝解放军人为民的诏书说："世祖太武皇帝（公元424—451年）……躬率六师，扫清遄秽，诸州镇城人本充牙爪，服勤征旅。……逮显祖献文皇帝（公元466—470年）自北被南，淮海思乂，便差割疆族，分卫方镇。高祖孝文皇帝（公元471—499年）……选良家酋帅，增戍朔垂。……先帝（宣武帝，公元500—515年）以其诚效既亮，方加酬锡，会宛、郢驰烽……兵连积岁，兹恩仍寝，用迄于今，怨叛之兴，颇由于此。朕（孝明帝）……追述前恩，敷诸后施，诸州镇军贯之非犯配者悉免为民，镇改为州，依旧立称。此等世习干戈，率多劲勇……"可见至北魏末叶，已军为军籍，民为民籍，并不像后人所说的"兵民合一"或"兵农合一"。不然的话，魏兰根又何须请求"凡是府户，悉免为民"，事情是明白不过的。原来"兵农合一"的含义，就是说，当兵的一离开队伍，便马上回去种田，若遇征召，即放下农具来作战；游牧部落只是"兵牧合一"，并不是"兵农合一"，农业技术比畜牧复杂得多，鲜卑人刚开始汉化，种植事物是不大懂的。他们受了分田，其中总有些给人佃耕而过着等于汉族地主的生活。倘若不然，出征的人的家里没有劳动力，他们又怎样耕作呢？正始元年（公元504年）九月诏："缘淮南北所在镇戍，皆令及秋播麦，春种粟稻，随其土宜，水陆兼用，必使地无遗利，兵无余力"，或拿来作为北魏兵农合一的凭证。我们试看《魏书》卷七九《范绍传》，说魏人克复义阳那一年（按即正始元年）的冬天，朝廷准备南伐，"发河北数州田兵二万五千人，通缘淮戍兵合五万余人，广开屯田"，派范绍为西道六州屯田大使，便知道那些是屯兵（田兵），故要他们秋种麦，春种粟稻，并不是一般的兵都这样。再观皇始时代的镇兵"不废仕宦"（引见下文），更哪能说是"兵农合一"？

正光五年的诏书虽然颁下，却未实行，因为各镇起义的火焰已普遍地燃烧起来了。同时，广阳王渊（唐人讳"渊"，改作"深"）也上表说："昔皇始（公元396—397年）以移防为重，盛简亲贤，拥麾作镇，配以高门子弟，以死防遏，不但不废仕宦，至乃偏得复除，当时人物，忻慕为之。及太和在历，仆射李冲当官任事，凉州土人，悉免厮役，丰沛旧门，仍防边戍，自非得罪当世，莫肯与之为伍，征镇驱使，但为虞候、白直，一生推迁，不过军主。然其往世房分留居京者得上品通官，在镇者便为清途所隔……多复逃胡乡。"拿元渊这个表章，与前引魏兰根之言以及同时的诏书相比读，对于酿成镇兵愤怨的经过，越为明白。

再综合前四段引文，加以分析，我们可约略晓得，北魏这些兵初时都从世族（"强宗"）或重臣（"国之肺腑"）的子弟（"高门子弟"）挑选而来，换句话说，并不是普遍征兵。当选之后，遇着机会，仍可以照旧（"入仕次叙，一准其旧"）充任官吏（"不废仕宦"），无分文武（"文武兼用"），还可免除赋役（"偏得复除"）。不过这些军人的子孙，却要继承着父兄担负服兵役的义务（"世习干戈"），由此可见，北魏是采用世兵制的。兵役虽是世袭，但其身份与不当兵的平民并无区别，即是军和民享受平等待遇，所以世家子弟都乐于当兵。到了中叶（太和以后），因为受汉族重文轻武的思想影响（李冲任事），当兵的渐被官吏蔑视，待遇不复平等，把他们的户口拆分出来，特号为"府户"，致有军籍、民籍之别；因之，当兵的就跟奴隶一样（"役同厮养"），无复有进身仕途的希望（"不过军主"），身份降低了（"莫肯与之为伍"），"清流"不肯与他拉朋友、聊婚姻了（"官婚班齿，致失清流"）。反观旧日不当兵的同族又怎样呢？他们依然可以作官（"往世房分留居京者得上品通官"），没有丢失他们的身份，在相形见绌之下，不禁又怨又愤，越积越深，卒酿成北魏末年一场很剧烈的阶级战争，即北边六镇之乱，拓跋氏便跟着亡国。

北魏在边防要地置镇，镇之下地位较次的叫做"戍"。北方各族兵卫制度，大概酋长身旁虽设置常川保卫军，但取轮班的办法，不上班的驻在各人的牧地，他们有着马匹，平时又习于骑术，即遇意外征调，数百里之外也很容易集中起来。其后往汉族土著地方迁移，环境便大大变易，田畴交错，不容许戎马任意驰骋，集中就发生许多困难，北边要防御蠕蠕部落等来侵，南边又要防南朝的武装入境，南北的沿边不能不设固定的镇戍以资防御了。杨椿所称"渐割南戍"，系指献文时分出北方一部分边兵往南方戍守（"差割疆族，分衞方镇"），以致兵力单薄，失去镇压的力量。魏兰根亲眼见到阶级斗争势将爆发，为思患预防之计，要扫除军民的隔阂；果然同年之内，沃野镇人便竖起义旗，一发而不可复止。

由这，知"镇"是军队驻扎的地点，"府"是军队征发的来源，两者是不能混同的。

有人见北魏史里自道武帝至末世，常有禁兵（亦称禁旅）、义兵（亦称义军、义众）等名称，以为世兵之外，还有别种兵制。我们须知西魏府兵一面担任禁卫，另一面又担任作战，其制度应上承北魏。北魏从太和时由代迁到洛阳的兵士都充当羽林虎贲；又孝明帝初任城王澄奏，"羽林虎贲，边方有事，暂可赴战"，可以推知禁兵也是应用世兵制的。其次，"世兵"这个名词是表示着他们怎样组织，"禁兵"是表示着他们接受什么任务，两者的范畴不同，我们哪能说禁兵不是世兵制度呢？另一方面更要注意到我们只承认府兵的初制起源于鲜卑，"府兵"的名称在北魏时代还没有成立。至于义兵与农民起义军的"义师"同属于临时集结的，所不同的前者是拥护封建统治的组织，后者是反抗封建统治的组织，所以并不是经常的兵制。

二、评价

（一）府兵制的性质

要确定府兵这一制度不适合于我国封建社会，必先明了它的性质，以前研究者因没有通过深入分析，致发生多少误会：

第一，府兵不是普遍征兵制而是略加变通的世兵制，认府兵为普遍征兵制，据我所见，较早者有罗识武。其后则何兹全说："直到隋代统一南北，才又为普遍的征兵所代替。按唐的府兵由隋朝传下，那末，他是认唐府兵为普遍征兵了。但果如其说，各道的折冲府数断不会相差太远，为什么关内的竟至五六十倍于岭南、江南呢？另一方面，何氏又说"永嘉以后（公元三一二年以后）的北方诸王朝及北魏、周、齐亦有世兵制"，然而隋制无疑承袭北周，应不能同时为普遍征兵又为世兵的；何况北魏中期已把当兵的别开为府户，西魏最初所拣，限于"六户中等以上"，甚至唐代，也有卫士拣充"取六品以下子孙及白丁无职役者"，"元从军老及缺，必取其家子弟乡亲代之"等限制，尤其有"军府州"和"非军府州"的区别，有点像清代的八旗，普遍征兵何须要这样规定呢？

有人既误会"六户中等以上"为六等以上户，因而联系到龙朔三年"卫士八等以下"的制定，认为"此制与其初期仅籍六等以上豪户者不同，即此制已推广普及于设置军府地域内全部人民之确证也"。"八等"（下中）指户籍等第，"六户中等以上"指六镇户第六等（中下）以上，府兵之家，既不免征徭，自然有九等之别，怎样见得府兵制普及于军府地域内之全部人民？如果说从前只限于"中下"以上，为什么这时却有"下中"以下的户出现？那又须知户等非固定不变的，从前家道殷实，隔了些时变而家道中落，是很平常的事；由此又可证实府兵是世兵制，故有由中下户堕落到下中户的现象。王夫之说："唐之府兵，世著于伍，垂及百年违其材质，强使即戎。"他的观察是正确的。

第二，府兵不是"兵农合一"或"兵民合一"。自《邺侯家传》有"郡守农隙教试阅"的话，《新唐书·兵志》更坐实其"居无事时耕于野"，遂造成兵农合一的长期误解。不错，漠北各族本来是兵牧合一的，无事则返回牧地，照料牛羊，有事则千里之间，瞬息可以集中作战，但入居中原后由牧而农，情形可就不同了。西魏下番之后"教旗习战"，哪能分身兼顾农务呢？北周以"侍官"为称，略似清代的侍卫，唐代的授勋很滥，更可多得一分勋田，他们回到乡间去恐怕总以绅士自居，故能够雇人代替，虽然分有田，未必都个人自耕。唐制又名言拣自六品以下子孙，更属于士族阶级了。太宗时简点使封德彝等想把中男十八岁以上的简点入军，魏征说，若中男以上尽点入军，"租赋杂徭将何取给？"陈寅恪以为从租赋一句话来推测，"则当日人民未充卫士时亦须担负租赋杂徭之义务，是一人之身兼充兵务农之二业也，岂非唐代府兵制兵农合一之明证乎？"按唐代无论士农工商都可受田，既享受田的权利，自然应尽纳租赋的义务，点府兵之家不见得定是农家，尤其纳租赋之家更不尽是农家，拿未充府兵时须纳租赋的条件来断定兵农合一，恐说不过去吧。

北齐令男子"率以十八受田输租调，二十充兵，六十免力役，六十六退田免租调。"陈傅良指此为府兵法之始基。按"兵"字那时可作"民丁"解，"力役"又与"军人"异，这条命令属于地方上田赋性质，而北齐的军人户口，归军将管辖，地方官无权过问的至十州之多，他们都是免去租赋的，则上项命令怎见得与府兵相关呢？

或又说"兵民合一"，同样脱离事实。唐律"诸征人冒名相代者徒二年……若部内有冒名相代者里正笞五十，一人加一等"。按不是卫士而临时募充的叫做"征人"；又"其在军冒名者队正同里正"，所谓"在军冒名"，指卫士以上。换句话说，民（征人）有罪罚在里正，府兵（卫士）有罪罚在队正，显是军、民分治之确证，哪能认为兵民合一？还有卫士的名簿，只由本折冲府掌握，不归州县地方管理，更显而易见，兵民是分治的了。

唯其是这样，唐代各道军府数目之多少悬殊，同一道内的军府分布之疏密互异，才能得到合理的解答。

第三，府兵兼负宿卫和出征两项任务。谷霁光说："当日（隋、唐）军备中——至少府兵一项——最重宿卫一点。"试看隋、唐府兵分隶于十二卫将军，再上溯西魏的初制，"十五日上则门栏陛戟，警昼巡夜"，可见府兵之职务，自始至终，没有大改变。

第四，府兵最突出的缺点是自备物资。像朱礼所说："皆自食其力，不赋于民。……田制既坏，府兵亦废，而唐常有养兵之困。"系只看见小利的一面而没见到大害那一面。北族战争时准其军队掠夺，俘虏又得配给，自备不是难事。我国很早就有队伍严肃、秋毫无犯的认识，如果要军人们出资备战，岂不是一个大大的矛盾吗？

由于以上分析，便明白府兵制是游牧社会的落后组织，我们早进入封建社会，拓跋族及其继承者却把那种制度再施行于中国，拉向后走，维持了二三百年已嫌太久，如何再能继续下去呢？王夫之以为"府兵者犹之乎无兵也"，确一语破的。朱礼曾说："凡天下之物，极于成者必坏，而萌于始者必极于成而后已，犹言人之生也，稚而壮，壮而衰，衰而老，老而亡，此其常也。府兵当壮而镇兵尚稚，府兵已亡而镇兵方壮，其成其坏，自不相侔，而相为消长者亦其势之必至也。"尚能抉出府兵已达到衰亡的理由。

（二）府兵制的利弊

关于府兵制的利弊，论者大不乏之人，但因对府兵的性质认识不甚清楚，立言往往无当于事实，故属于此一类的论议，这里不拟多辨，只条列其出发点尚不大错者数端：

"论制度的好坏，或制度的利弊，须视当日政情而定。"这是我们论古史所应有的认识，我们不能把历史向前拉的。府兵之利，据一般说：

一、居重驭轻。可是有人既强调这一条，同时又引唐中宗后韦氏临朝称制，召折冲兵万人分屯京城，由韦氏子侄统领，"总兵的仍又利用易于集中的军队，以行其是"。那末，主要还是能不能够连用的人事问题，不在乎居内或居外。

二、将帅无握兵之权，可免私兵之祸。然而募兵、边兵等也可以易帅，这不一定是府兵特有之利。

三、简点丁壮，须验材力。这

历史学家岑仲勉

是一方面的看法。但又有人以为"少壮不齐，难成劲旅"，其实这种利弊，完全靠人事调节，非府兵制本身的特点。

关于它的弊害，又有如下的论据：

一、远近分番之太过纷扰。章氏说："唐以远近分番，皆以一月，恐太纷扰。……又唐在二千里外者亦不免，此法所以坏也。"朱礼的见解略同。这不能不算是制度本身的缺点。

二、府多的地带，虽互助仍难供办。这是府兵制最突出的弊害。

三、引着君主走上黩武的途径。有人举隋炀帝增置军府扫地为兵为例。按炀帝唯大事招募，故至于扫地为兵，君主之酷好战争，无论在任何兵制下都有之，不能专归咎于府兵的。

（三）总结

府兵制是适应于游牧社会的兵制。生长在漠北的落后部族，习于骑术，来去较易，他们本无禁兵、边兵之别，无事时可以屯聚在一起，有事时可以散而之四方。他们的策略是因敌为粮。用不着辎重、饷需的后继，不前进，不力战，就会饿死，战胜就可分享到战利品。燕凤说："军无辎重樵爨之苦，轻行速捷，因敌取资：此南方之所以疲弊，而北方之所以常胜也。"可是在经济高度发展的封建社会里，情况不一样，其有利因素势难继续保持，制度亦必然不能持久施行。此外，它不适合于封建社会的还有如下几点：

一、府兵拣取的原则是先富后贫，富人多娇生惯养，不知作战为何事，即使他们愿意入军，也必演成不能授甲的现象。要靠他们御敌卫国，是多么危险的事！

二、如果取的是贫羸的，没有乡邻互助，妻子无以资生，自不能安心上番，最后只有逃亡。兵疲饷绌而期望战胜，与取自富豪子弟者同一样危险。

三、经济越发展则分工越细密，随着潮流影响，相信有府兵名籍的已多转入工、商两途，定期番上，必非所愿。魏征《十渐疏》说"正兵之辈，上番多别驱使"，贞观十三年已有此弊，则借作僮仆非始自武后，初唐早肇崩溃之基。

四、国家机构未确立，自然无法担负巨额支出——尤其是军费之支出，资斧自备实即氏族社会末期一种变相的赋税。封建社会则不然，国家已建设征收的机构，人民也大致按比例而缴纳赋税，府兵之优免租庸调，无非等于当兵的雇值（因为不当兵的也同样受田）。随着时势而变通，国家固宁愿略增一点支出，取得统筹兼顾之较妥善的途径，使军备达于巩固地位，一方面可减少贫弱逃亡，免至财政紊乱；另一方面又可使富豪安帖，不至发生抵抗。就统治阶级来说，改世兵为雇兵是有利的。

总之，府兵之废除，系随社会经济的发展而必然产生的结果，主要是经济对兵制的影响。虽然兵制改变后也可对经济发生其作用，但如果认为："府兵破坏，整个的社会经济也同时发生动摇……至少是社会经济崩溃的一个象征。"则恰得其反。府兵崩溃的过程，如第七章所揭，应包括武后之开元初叶一个时期，正是唐代经济最繁荣上升的时期。我们无须多辨，只拿当年历史来一比，便知道正由于经济繁荣，才促使府兵崩溃，绝非府兵废除象征着经济崩溃了。

论道我国历朝兵制，府兵最为一般人所共知，然而在开元时史册已不甚详，因而后世就发生许多误会。对于它的起源，或以为本自鲜卑而未提佐证，或以为同于南朝而理由不充。试求其实，无疑是游牧社会的落后兵制，它与均田相依为命，没有授田，不可能强迫军士自备资斧和武器。时至隋唐，国内经济日益发展，兼并之风，不可复抑，均田制崩溃，府兵制也自然而然地跟着崩溃。

中唐的人不晓得这个道理，好像空想唐虞三代一样，只觉得府兵废除后仅三十年便发生安禄山之乱，就把前者看作是后者之因，众口一辞，几成定论。其实安禄山是在李唐军政不修的情况下发动变乱的，府兵即使尚存，也无能为力。

府兵制是略为变通的世兵制，不是兵民合一，也不是兵农合一。它兼负禁卫和征行两种职务，有点跟东西周和后来契丹、蒙古的军制相像。拓跋氏把它和均田制一起带入中原，仗着统治的势力，才推行了许久，实际上它与我国的封建社会是并不适应的。

北宋四子之生活与思想

张荫麟

　　像千邱万壑间忽有崛起的高峰，像蓬蒿萧艾间忽有惊眼的异卉；在思想史里每每经长久的沉闷、因袭和琐碎后，继以一生气蓬勃、光彩焕发的短短时期，在其间陶铸出种种新学说，支配此后几百年以至过千年的思想界。宋代自仁宗庆历（一〇四一）以后的四五十年就是这样的一个时代。这是周濂溪（敦颐），张横渠（载），王荆公（安石），程明道（颢）和程伊川（颐）的时代（诸人以年辈为次，周、张、王皆长二程十岁以上）。此以前，宋人的思想大体上继续唐末五代的沉闷、因袭和琐碎；此以后，至宋朝之终，以王荆公为偶像的"新学"和以周、张、二程为典型的"道学"相继支配着思想界。故庆历以后的四五十年，一方面是宋代思想的源头，一方面也是宋代思想史的骨干。我们述这个时期的思想应当以周、张和二程兄弟——可称北宋四子——为一集团，而以王荆公为一支别出的异军。

　　北宋四子不独在思想上有许多同调之处，在生活上亦有密切的连系。二程兄弟少时曾从学于濂溪，而横渠乃是二程的表叔，与二程为学友。我们叙述四子和以后的"道学"家的思想，不能离开他们的生活，因为他们的中心问题是一个实践的问题：什么是圣人？怎么样做到圣人？我们要从他们的生活中体会他们的理想人格的气象。

　　濂溪（一〇一八—一〇七三）的事迹见于记录的，像他的著作一般简短得可憾。他是湖南道州（营道县）人，年少丧父，以母舅的荫泽出身，历官州县，官至广东转运判官，兼提点广东路刑狱。当他二十来岁任分宁县主簿时，有一久悬不决的疑狱，他经一次审讯，便立即分辨。任南安司理参军时，因平反一冤狱，和上官力争，上官不听，他放下手版，缴还官状，脱身便走，他道："这样官还做得的吗？杀人媚人，我办不到。"上官卒被他感悟。任南昌知县时，曾得大病，一昼夜不省人事，友人为他预备后事，检视他的所有，只一破烂的箱子，里面的钱不满一百。同时大诗人山谷形容他的性格道："胸怀洒落，如光风霁月；廉于取名，而锐于求志；薄于徼福，而厚于得民；菲于奉身，而燕及茕嫠；陋于希世，而尚友千古。"他爱自然，他对生命的世界好像有一种冥契；他窗前的草从不准剪除，问他为什么？他说："这与自家意思一般。"他教学生，每令"寻孔颜乐处"，体认他们"所乐何事"？有一位老者初时跟伊川同学，总不领悟，便扶杖去访濂溪，濂溪说："我老了，说得不可不详细。"便留他对床夜话。过了三天，他忽觉恍有所得，自言如顿见天的广大。他再去洛阳看伊川，伊川惊讶他迥异寻常，问道："你莫不是从濂溪那里来吗？"

横渠（一〇二〇——一〇七七）也像濂溪一般，少年丧父，孑然自立。他学无所不窥，特别好讲究军事。年十八，当西夏用兵时，上书谒范仲淹，仲淹一见，认为大器，却戒责他道："儒者自有名教的乐地，何用谈兵。"并劝他读《中庸》，他读了觉不满足，转而向佛典里探讨，用功多年，深通其说，却又觉得不满足，终于回到儒家的经典。年三十八，登进士第，始出仕。尝知云岩县，以教导人民，改善风俗为务。每月分别召宴县中长老，亲自劝酒，让人民知道养老敬长的道理，同时向他们访问民间疾苦，并告诉他们怎样训戒子弟。通常县官的布告，人民大多数不闻不知，只成一纸具文。横渠常把各处的乡长召来，把告示的意思对他们谆谆解说，命他们回去街坊里传达。每逢在公庭上，或道路上遇到人民，便考察他们是否听到他所要传达的布告；若没有听到便责罚受命传达的人。因此他每有所告诫，全县人民无不知悉。尝任渭川军事判官，于本州的民食和军政都有很精明的规画。神宗初年，因大臣的推荐，入仕朝廷；官至崇文院校书兼同知太常礼院。神宗很赏识他，想加重用，但他不附新法，终于告退，归隐于陕西郿县的故乡，教学终老。

明道（一〇三二——一〇八五）和伊川（一〇三三——一一〇七）虽是大家所认为志同道合的两兄弟，但他们在思想上却有若干重大的差别，而他们的异致在事业上性格上，比在思想上更为显著。在事业上，明道是少年科第（与横渠同榜登进士第）的循吏；而伊川则一次落第，便不再应试，晚岁始以布衣征起（哲宗元祐元年，时年五十四）为崇政殿说书。明道的仕历是三十年受尽讴歌赞叹的，不可胜述的容断和仁政，这里只举几个例。他知晋城县时，有一个富人，丧父不久，忽有老人到门自认为是他的父亲，两人闹到县府。老人说：他行医远出后，其妻生子，贫不能养，抱给张家，他现在归来，才知道此事。明道问他有什么凭据，他拿出一部陈旧的方书，后面空白上记着：某年月日，某人抱儿与"张三翁"。明道便问那姓张的：你今年几岁？答道：卅六。又问：你父亲死时几岁？答道：七十六。明道便对老人说：他方才所说的年岁，有邻舍可问的。他出世的时候，他父亲才四十岁，怎么便叫张三翁，那方书上写的是假无疑。老人给吓了一跳，无话可答，只得认罪。他在晋城任内，用保甲法部勒乡村，令同保的人民力役相助，患难相救。凡孤寡残废的人，责成他们的亲戚乡邻不使失所；旅行经过县境的人，遇着疾病，都有给养；每乡设立小学，时常亲去视察，教师有不良的，便给撤换，儿童句读有错，也给改正。令乡民结为会社，并给各会社立定奖善诫恶的规条。在任三年，县内从没有强盗或斗死的事件。临到他任满时，忽然半夜有人叩门说出了命案，他说：本县那里会有这种事？若有必定是某村某人干的。查问果然。他任镇宁军判官时，有一位声势煊赫的宦官，方督理治河，本军的兵卒八百人，被派去工作。天气严寒，他们受不了虐待，半夜逃归。同僚和长官都惧怕那宦官，主张不放入城。明道说：他们逃死而归，不纳必乱。亲自去给兵士开城门。却与他们约定，休息三日再去工作。兵士欢呼听命。以上是明道无数精彩的政绩中的片断。伊川仕历最精彩的一幕，却是短短年余的，很不愉快的口舌生涯。当他从布衣一跃到"帝王师"时，他要求在皇帝面前坐着讲书，满朝哗然，他只得照例站着讲。那孩童皇帝偶然高兴，在槛外折一柳枝玩玩，他便板着面孔说："方春万物发生，不可无故摧折！"惹得皇帝、太后和满朝大臣都皱眉。司马光死了，适值明堂大礼，行完礼后，同僚齐去吊唁，伊川认为不对，坚执力争，引《论语》"子于是日哭则不歌"为理由。苏东坡道：《论语》"子于是日歌则不哭"呀！伊川却传语丧家，不得受他们吊。有名会开玩笑的苏东坡便给他取个绰号，叫做"尘糟坡里的叔孙通"。再后那孩童皇帝生了病，不能坐朝，伊川忙去见宰相说：皇帝不能坐朝，太后就不该单独坐朝。这一来太后忍无可忍，谏官乘机参了一本，他便以管勾西京国子监名义，被送回老家去。

从上面二程事业的比较，已不难推想他们性格的一斑。关于明道的精神生活，他的一个学生有一段很好的描写，他说："先生……粹和之气盎于面背；乐易多恕，终日怡悦……从先生三十年来未尝见其忿厉之容。接人温然，无贤不肖皆使之款曲自尽。闻人一善，咨嗟奖劳惟恐不笃；人有不及，开道诱掖惟恐不至。故虽桀傲不恭，见先生莫不感悦而化服。风格高迈，不事标饰，而自有畦畛，望其容色，听其言教，则放心邪气，不复萌于胸中。"另一个学生有一次离别了明道之后，人问他从什么地方来，他说："我在春风和气中坐了三个月而来。"明道在熙宁以前，和王荆公本相友好，后来虽因新法和荆公分道，但只平心静气，相与讨论，劝荆公不要太过拂逆人心，从没有意气之争。荆公亦感其诚意，对人说："他虽不闻道，亦忠信人也。"后来他追论新旧之争，亦很公允，他说："新政之政，亦是吾党争之太过，成就今日之事，涂炭天下，亦须两分其罪可也。"又说："以今日之患观之，犹是自家不善从容，至如青苗，放过又且何妨？"论广厚宽和，伊川远不似乃兄，这从记载所存几件对照的琐事可以看出。二程少时尝随父远行，宿一僧寺，明道入门右转，仆从都跟随着他；伊川入门左转，无一人跟随。伊川也自觉道："这是我不及家兄处。"又一次，二程同入一佛寺，明道见僧一揖，伊川却不，门人怀疑，明道说："论年齿他也比我多几岁，一揖何妨？"明道讲书，偶带谐谑，引得大家哄堂；伊川则永远严肃得可怕。门人讨论，遇有不合，明道只说："更有商量。"伊川只说："不对。"明道也曾对乃弟说过："异日能使人尊严师道，那是吾弟之功。至于接引后学，随人才的高下而成就之，则我不让吾弟。"横渠批评二程道："昔尝谓伯淳（明道）优于正叔（伊川），今见之果然。其（明道）救世之志甚诚切，亦于今日天下之事尽记得熟。"

（原载《思想与时代》月刊第27期，1943年10月）

君子与伪君子——一个史的观察

雷海宗

观察中国整个的历史，可能的线索甚多，每个线索都可贯串古今，一直牵引到目前抗战建国中的中国。"君子"一词来源甚古，我们现可再用它为一个探讨的起发点。

"君子"是封建制度下的名词。封建时代，人民有贵贱之分，贵者称"士"，贱者称"庶"。"君子"是士族阶级普通的尊称；有时两词连用，称"士君子"。士在当时处在政治社会领导的地位，行政与战争都是士的义务，也可说是士的权利。并且一般讲来，凡是君子都是文武兼顾的。行政与战争并非两种人的分工，而是一种人的合作。殷周封建最盛时期当然如此，春秋时封建虽已衰败，此种情形仍然维持。六艺中，礼、乐、书、数是文的教育，射、御是武的教育，到春秋时仍是所有君子必受的训练。由《左传》《国语》中，可知当时的政治人物没有一个不上阵的。国君也往往亲自出战，晋惠公竟至因而被虏。国君的侄兄弟也都习武。晋悼公的幼弟扬干最多不过十五岁就入伍；因为年纪太轻，以致扰乱行伍而被罚。连天子之尊也亲自出征，甚至在阵上受伤。如周桓王亲率诸侯伐郑，当场中箭。当兵绝非如后世所谓下贱事，而是社会上层阶级的荣誉职务。平民只有少数得有入伍的机会，对于庶人的大多数，当兵是一个求之不得的无上权利。

在这种风气之下，所有的人，尤其是君子，都锻炼出一种刚毅不屈、慷慨悲壮、光明磊落的人格。"士可杀而不可辱"，在当时并非寒酸文人的一句口头禅，而是严重的事实。原繁受郑厉公的责备，立即自杀。晋惠公责里克，里克亦自杀。若自认有罪，虽君上宽恕不责，亦必自罚或自戮。鬻拳强谏楚王，楚王不从；以兵谏，楚王惧而听从。事成之后，鬻拳自刖，以为威胁君上之罪罚。接受了一种使命之后，若因任何原因不能复命，必自杀以明志。晋灵公使力士钮麑去刺赵盾，至赵盾府后，发现赵盾是国家的栋梁，不当刺死，但顾到国家的利益，就不免违背君命；从君命，又不免损害国家。所以这位力士就在门前触槐而死。以上不过略举一二显例，类此的事甚多，乃是当时一般风气的自然表现。并且这些慷慨的君子，绝不是纯粹粗暴的武力。他们不只在行政上能有建树，并且都能赋诗，都明礼仪，都善辞令，不只为文武兼备的全才。一直到春秋末期，后世文人始祖的孔子，教弟子仍用六艺，孔子自己也是能御能射的人，与后世的酸儒绝非同类的人物。

到战国时，风气一变。经过春秋战国之际的一度大乱之后，文化的面目整个改观。士族阶级已被推翻，文武兼备的人格理想也随着消灭。社会再度稳定之后，人格的理想已分裂为二，文武的对立由此开始。文人称游说之士，武人称游侠之士。前者像张仪以及所有的先秦诸子，大半都是凭着三寸不烂之舌，用读书所习的一些理论去游说人君。运气好，可谋得卿相的地位；运气坏，可以招受奇辱。张仪未得志时，曾遭楚相打过一顿，诬他为小偷。但张仪绝不肯因此自杀，并且还向妻子夸口：只要舌头未被割掉，终有出头露面的一天。反之，聂政、荆轲一类的人物就专习武技，谁出善价就为谁尽力，甚至卖命。至于政治主张或礼仪文教，对这些人根本谈不到。所以此时活动于政治社会上的人物，一半流于文弱无耻，一半流于粗暴无状。两者各有流弊，都是文化不健全的象征。

到汉代，游侠之士被政府取缔禁止。后世这种人在社会上没有公认的地位，但民间仍然崇拜他们，梁山泊好汉的《水浒传》就是民间这种心理的产品。

汉以后所谓士君子或士大夫完全属于战国时代游说之士的系统。汉武帝尊崇儒术，文士由此取得固定不变的地位。纯文之士，无论如何诚恳，都不免流于文弱、寒酸与虚伪；心术不正的分子，更无论矣。惟一春秋以上所遗留的武德痕迹，就是一种临难不苟与临危授命的精神。但有这种精神的人太少，不能造出一个遍及社会的风气。因为只受纯文教育的人很难发挥一个刚毅的精神，除非此人有特别优越的天然秉赋。可惜这种秉赋，在任何时代，也是不可多得的。

至于多数的士君子，有意无意中部变成伪君子。他们都是手无缚鸡之力的白面书生。身体与人格虽非一件事，但一般的讲来，物质的血气不足的人，精神的血气也不易发达。遇到危难，他们即或不畏缩失节，也只能顾影自怜的悲痛叹息，此外一筹莫展。至于平日生活的方式，细想起来，也很令人肉麻。据《荀子》记载，战国时代许多儒家的生活形态已是寒酸不堪。后世日趋愈下。汉代的董仲舒三年不涉足于自己宅后的花园，由此被人称赞。一代典型之士的韩愈，据他的自供，"年未四十，而视茫茫，而发苍苍，而齿牙动摇"。这位少年老成者日常生活的拘谨迂腐，可想而知。宋明理学兴起，少数才士或有发挥。多数士大夫不过又多了一个虚伪生活的护符而已。清初某理学先生，行步必然又方又正，一天路上遇雨，忽然忘其所以，放步奔避。数步之后，恍然悟到行动有失，又回到开始奔跑的地方，重新大摇大摆地再走一遍。这个人，还算是诚恳的。另外，同时又有一位理学先生，也是同样地避雨急走，被旁人看见指摘之后，立刻掏腰包贿赂那人不要向外宣传！这虽都是极端的例子，却很足以表现一般士君子社会的虚伪风气。这一切的虚伪，虽可由种种方面解释，但与武德完全脱离关系的训练是要负最大的责任的。纯文之士，既无自卫的能力也难有悲壮的精神，不知不觉中只知使用心计，因而自然生出一种虚伪与阴险的空气。

我们不要以为这种情形现在已成过去，今日的知识阶级，虽受的是西洋传来的新式教育，但也只限于西洋的文教，西洋的尚武精神并未学得。此次抗战这种情形暴露无遗。一般人民，虽因二千年来的募兵制度，一向是顺民，但经过日本侵略的刺激之后，多数都能挺身抵抗，成为英勇的斗士。正式士兵的勇往直前，更是平民未曾腐化的明证。至于知识阶级，仍照旧是伪君子。少数的例外当然是有的，但一般的知识分子，在后方略受威胁时，能不增加社会秩序的混乱，已是很难得了。新君子也与旧君子同样地没有临难不苟的气魄。后方的情形一旦略为和缓，大家就又从事鸡虫之争；一个炸弹就又惊得都作鸟兽散。这是如何可耻的行径！但严格讲来，这并不是个人的错误，而是根本训练的不妥。未来的中国非恢复春秋以上文武兼备的理想不可。

征兵的必要，已为大家所公认，现在只有办理方法的问题。目前的情形，征兵偏重未受教育或只受低级教育的人，而对知识较高的人几乎一致免役。这在今日受高深教育的人太少的情况之下，虽或勉强有情可原，但这绝非长久的办法。将来知识分子不只不当免役，并且是绝对不可免役的。民众的力量无论如何伟大，社会文化的风气却大半是少数领导分子所造成的。中国文化若要健全，征兵则当然势在必行，但伪君子阶级也必须消灭。凡在社会占有地位的人，必须都是文武兼备，名副其实的真君子。非等此点达到，传统社会的虚伪污浊不能洗清。

（原载《今日评论》1卷4期，作于1939年1月22日）

中国再生时期

胡适

几年以前，广西大学校长马君武——我的师长，曾经函邀南来讲学，抱歉得很，当时因为个人在北方事务纷繁，一时未易分离，现在得一个机会到此，并且承马先生命讲题，就是"中国再生时期"，在今天得和诸位谈谈。

什么叫做"再生时期"呢？我们知道，人类的个体生命历程，是从少壮而衰老而死亡，人类的个体生命到了"衰老"的时期，必然遇到"死亡，决没有"返老还童"，所谓"再生"时期的到临。那走江湖的人和报纸上的广告，竟有什么"返老还童药"发胃，那是欺人之谈，没有科学根据的诞言。但是人类集团的生活和国家民族的文化之演进，虽也是由少壮而衰老而死亡；但是在衰老时期如何注射"返老还童"针，使变得了新的血脉，那么一朝焕发新的精神，从老态龙钟转变而振作有为，于是，国家的各方面都表现了新的活动，这个时期，历史家称为"再生时期"。

我们一读西欧的近代史，就知道西欧在中古时代曾经有过八百年到一千年的黑暗时代（Dark Age）。那时，欧洲一切的文物俱已荒废，民族达于"衰老"的程度；但是到了黑暗时代的末期，因为获得了新的刺激，灌输了新的血液，于是老大颓衰的欧洲民族，到了十四、十五世纪便发生新的运动，返老还童，死里复活，成为欧西近几百年一切文物发扬光大的基础，这便是"文艺复兴"（Renaissance）时代。我国向来翻译为"文艺复兴"，实在有些欠当，应该是叫做复苏或再生时期，十四十五世纪是欧洲的再生时期，那么何时是中国的再生时期？试观近三四十年来——尤其是最近的二十年来，我国的一切文物无论是社会制度、政治体系、经济组织、学术思想……皆掀起了极大的变革，所以我相信，将来的历史家就要目这个时代为中国的"再生时期"。因为我国具有几千年的文化，然而，历史演进到了现在，已经表现中华民族的老大衰颓。过去中国的历史上，发生了多次的再生运动，交织起伏，希望促老大的中国返老还童；但是新的刺激奄弱，新的血液贫乏，终于未能成功。可是从历史的观点，我们知道现在中国"再生时期"的到临。

我国在中古时代，为宗教的迷信势力，和社会遗留的法制所蒙蔽，但知尊重个人的生命，不理解做人的意义；《孝经》中云："身体发肤，受诸父母，不可毁伤。"当时一般的人们，不但是尊重自己的身体，并且求所以扬名显亲，光宗耀祖，最低限度也要做到"无辱"的地步，使自身和父母在社会上有尊荣的地位，要不是，生不如死！到战国的时候，社会上表现了武士道的精神，许多人不但尊重人生的名誉，并且形成社会的侠义风尚和爱国牺牲的精神！民族渐渐有了复活的趋向。

但是不多久，受佛教和道教的影响，侠义牺牲的精神，潜藏于无形，民族日渐衰老、怕死、念佛、求仙、遍寻返老还童药丹以期长生不死，为着将来自身得入浮图，不惜以指甲或手臂紫布浸油，在佛前燃烧作佛灯，表示信佛的虔诚，于是群起仿行，甚至竟以身殉，有的将整个身体缚布涂油，并且张贴布告"在于某月某日在某某地方某某大和尚献身佛前"云云，使得万人空巷，争往观看；大和尚一面焚身，一面念佛，一面行礼，于是大家异口同声赞美，因为大和尚从此已经成佛升天，达到人生最高的目的。这种个体的牺牲，为想达到个人入浮图的梦想，与民族、国家和

学者胡适

人群没有丝毫的关系；和墨子"摩顶放踵利天下为之"的人生观大相违背，到了这个时候，民族复回到了衰老时期。一直中国给这种黑暗的潮流荡漾了好几百年！

到了唐代，渐渐地萌发了一点生机，爬出了这个黑暗的圈子，一般不再幻想升天成佛。首先在文学上，我们看到有了良好的改革，许多诗人如杜甫，白居易等不再从事去赞美自然、吟风弄月，开始描写社会的疾苦，出现了新的文学，达到了一个解放的时代。不但唐诗为我国历代最著名的，柳公权、颜真卿的书法，皆甚有名；就是散文方面也发生了很大的变革。在唐朝以前，六朝的文学形成，一般人作起文章，讲求对偶，造成四六句的骈体文，走上了荒昏的文学道上，当时的文学已经失掉了作用，而表达晋人的感情、感觉和思想，还不完全。直到唐朝的韩退之、柳宗元出来，才将这种不合文法的骈文废弃，主用"散文"，当时的"散文"，这就是现在我们所谓的"古文"。其结果，唐朝成为诗文最盛的一个时代，此外，在宗教方面，唐代也有相当的改革，就前所述，独善其身的佛教，渐进而成禅宗，从印度的佛教转变而为中国的禅宗，不立文字，不再打坐念经，见性成佛。所以唐代是中国一个再生的时期。但是，毕竟因为这时所遭受的刺激太小，新血液的灌输不足，过后，又回到了衰老的时期。

到了宋时，离现在九百余年，中国又渐渐表露复活的趋势，无论是在文学上、思想上、政治上等各方面宋朝都充分表现勃兴的气象。文学方面继续出现了几个新人物，如欧阳修、苏洵、苏轼、苏辙、曾巩、王安石，他们继起对于文字的努力，亦有了新的收获，造成文学革命，"古文"的格式于是形成，后人合唐之韩愈、柳宗元称为唐宋八大家，其中宋代占了六位，所以宋时在文学上又是一个再生时期。同时，在思想方面也有了极大的改观，从前的人生观为拜神求佛，但望个人延年益寿，避祸得福。在北宋时出了一个伟大的人物范仲淹氏。提出了一个新人生观，尝言士当："先天下之忧而忧，后天下之乐而乐。"于是思想上表现了一个新时代，由个人主义走到利他主义的道上，要在人人还未曾有忧虑的时候，而自己去忧虑；但是快乐就是要到个个都享受了然后才到自己，这是宋代思想界一大革新。不到三十年，熙宁年间，王安石出来实行政治的大改革，但是恶势力强固，改革没有成功，继有程灏、程颐、朱熹一般人出来，主敬存诚穷理为本，另成了一个学派，他们不再希望做道士和尚，而且要在世界上堂堂正正地做一个"人"，于是确立了一种理想的人生观，如《大学》首章所谓"格物，致知，正心，诚意，修身"，但是这里的"修身"和中古时候所希望为神仙成佛祖的一种自私的，出世的观念不同，而是积极的，为社会的人生观，所以"修身"的后面，就是"齐家""治国"和"平天下"，这一种新人生观的焕发，于是代替了中古时代宗教迷信的人生观。从目的上说，由期望个人的超度推广而期望社会的改进，因此在思想方面宋朝的理学派不愧是我国历史上的一个再生时期。

然而，毕竟因为社会传统的旧势力膨胀，而新加入的血液不足，"治国""平天下"，又是那样的艰深难行；不久，中国又回到了过去的时代，踏上从前的老路，文字方面从此跑上一个"做八股"的形式道上，体裁更坏。在思想方面，又回到静坐，拜佛，欲成神仙的圈里。一向积极的活动的人生观，转变而消极的死样的人生观，无所为而为；因着要做圣贤便要做到"格物致知"和"治国平天下"，小民何敢奢望？"格物致知"的意义，原来正与近代的科学家理想相符，"物"的范围既然是这样广泛，包罗万有，单是要"格物"，以穷究天地万物的道理，在那个时候，既没有客观的环境，生活上并没有感觉到切肤的需要，而科学研究上的设备，好像显微镜，望远镜等等都一样也没有的；而大家既不了解科学实验的方法，一般读书人但知琅琅念书；文质彬彬，长袍大袖又不用手足，那里说得科学的学习，因了这个缘故，"格物致知"，只是讲讲而没有方法去实行。到明朝，王守仁主张"知行合一"，但是"格物致知"做不到，于是想从自身下手，由静坐而提倡"良知"。初时，王阳明对于"格物穷理"等宋哲所提倡的思想，也愿笃信力行，只是行而不知其法。为着"格物"，王阳明和他们的门弟，先试"格"庭前"竹'，解开"竹子为什么中空"的道理，他的门徒坐守三天三夜，仍旧不获其理；王阳明不相信，自己亲身去守望沉思，也弄了七天七夜，仍旧，"竹子为什么中空"的道理没有"穷"了出来，反弄得病体支离，于是认为"格物致知"，那是干不通的；就改而提倡"良知良能"，以个人的知觉为做学问的出发点，我们晓得，思想方面这又回到了沉没错误的途上，宋哲所提倡那积极的人生观和"格物穷理"的道理，为了历史上从来没有研究的遗风和科学的背景设备等，于是昙花一现，思想上又返到了过去的时代！

每个时代都有一个再生时期，不在这方面或者就在那方面具有返老还童的趋势。古文改革到了明朝，一方面，文学是走到形式的死路上；一方面是在蕴蓄着蓬勃的生机。在明朝以前的元代，已经有了白话戏曲，明朝以来，白话的词曲，虽然仍旧存在，可是明代在文学上最伟大的杰作，是用白话写的小说，好像《三国志》《西厢记》《水浒传》等都是历史上白话文长篇小说中不可多得的佳本，迄清时，又有《红楼梦》《儒林外史》等小说出现，因此，这五百年来，文学上可以说是由古典的文学到了市民文学，为文学历史上一个新的阶段。但是，在这个时候，文学就分成了两个部位，像《三国志》《水浒》这一类的文学作品，在当时目为低级文学，为社会中一般下层阶级的民众，像卖豆腐的，拉车的，缝纫的作为茶余饭后的读物；而一般士大夫阶级，仍旧在跑其"求功名"的道路，大做典试的八股文章。

总括来说，在历史我国是发生了好几次的再生运动，从各方面表露复苏的精神，唐代可谓是我们文学上的大改革，民族也表现一些生机；但是一会儿又转到了衰老时期。迄宋朝，文学又焕发了新生，并且思想上表露复活的气象，但是因为旧势力雄厚，新刺激，新血液贫乏，不久又朝八股文学的路儿跑。明代以后，白话文的兴勃，文学上又表现了一种生机；然而一般士大夫阶级仍在做古典应试的文学。所以我国历史上虽然有了好几次的"再生时期"交迭起伏，然而返老还童的目的，仍是没有达到。不过，历史演进到了现在，试观最近之数十年中国各方面的活跃，我们觉得中国并没有死亡，过去的"再生运动"也不是完全失败，并且这依旧在继续的进行。我们从历史的观点来作一个比较，更证明现在中国所感应的刺激，所增加的新血液之强大，为历来所未有，这种新刺激新血液，有促中国复活的趋向，所以现在是中国的再生时期，恐怕也就是最末一次的再生运动。因为现在关于政治改革已经大功告成，而在文学改革，社会改革，学术改革诸端也就如狂风怒潮逐波而来，在在都充满了新的希望。现在分别说来：

一、政治改革：前者我国历史上的各种改革不容易求得实现，这原因思想、文学、宗教的改革不敌政治上的压抑，往往思想和文学的改革，在政治上稍稍加以压力，即将一笔勾销，好像三十年前，光绪二十四年（即1898年）广东一般领袖如梁启超、康有为所领导戊戌维新运动，全国震动，思想为之一新，那时恭亲王亦立意变法，并颁布了关于政治、军事、教育等等数百件改革案，但是，还不够三个月，顽固的慈禧太后复垂帘听政，不赞成变法，于是，将皇帝幽禁，一般维新的党人，捉的捉，杀的杀，如火如荼的改革运动，就给这一位老太太轻轻地一笔勾销，这是给一般人的一个大教训，皇帝或一般谋臣想图改革，尚且还没有成功的希望，在个人方面或是没有地位的人更因着畏缩而消减了改革的念头，倘若一不小心，给御史探悉，那么自己的身家性命，立刻不能保障；想在文学方面努力改革运动，更是没有办法，政治上的压力，立刻将加以取缔，或封报馆或停办书店，历史以来的文字狱，都是言论被钳制的结果。所以，政治的改革在再生时期，实在占着重要的地位，但自辛亥革命成功，中华民国成立，扫荡了几千年专制政治的积污，使中国开放苏生的时代，而一切的革新运动，无论是在文学上、思想上、学术上的，才能够发芽滋长。因此，如果没有了辛亥的政治改革，那么中国一切再生运动都不能成立。所以中国政体的改革，实在是一切改革的惟一条件。

其次为文学改革：大多数稍能涉猎西洋文学的，必能理解我国的文字，尚不足以应付生活上的需要，我国的古文为两千年前所形成的文字，这种文字到现在来如果要读通，最少要花费一个极长的时间，倘若要能够写作，那么需要更长期的训练，可是做的文章和讲的话，毕竟又是两件事体，念着文章，普通一般人们听不懂，所以这种文字实在是一种"死的语言"，如果是用来教育儿童，或是用来宣传大众，那是毫无用处的工具，尚在专制时代，早已经有人感觉到改革的需要，可是这种改革并没有成功。

何以在过去这种文字的改革不能成功？最大的原因是当时社会环境还实行科举制度，将社会划分了两个阶级，一方面是上层阶级，有智识的、做官的；而又一方面是下层阶级的民众，拉车的、卖豆腐的、缝纫的……这种"我"和"他"的界限划分以后，于是形成彼此的观念。但是环境是这样，如果要做人上人，你得学做八股文章，写端正的小楷，读古文；至于白话文

清朝晚期实际统治者慈禧太后

虽然和普通言语音义相同，写语体文是一种实用的文章；可是上层阶级的智识分子，大家目为那是下等社会人们的读物，要想阅报、做官，丝毫没有帮助，因此改革的结果，遂遭失败。白话文虽然提倡，但是做八股的还是做八股。又因为，白话文为一般看不起，所以连下层阶级的劳苦民众，如果自己有了儿孙，还是要送去学做八股的文章，而白话文的改革，其结局，没有方法不归于失败的。

近十余年来，白话文的提倡，所以先从这一点下手，打破"我们"和"他们"的区分，彼此合一。我们觉得中国须有"新文学"，我们觉得白话文是"活的语言"，我们为要打破社会的歧视，所以无论是诗歌、小说、戏剧、传记……用白话文来写，而过去有价值的白话作品，更使在社会有机会发扬光大，无论社会的上下层，大家都对白话文发生好感，并且在生活上去应用，是这样，文学才可以改革。而近十余年以来，我们都在从事这种工作。

白话文的"白话"，和在两粤通俗所谓"白话"的意义，颇有不同，在两广说到"白话"，意思就是指"广话"而言，这里面也有一个来源的；因为在从前表演粤戏的时候，舞台上表演的人，一方面是"唱"，一方面是"白"，所谓"白"就是"道白"，"道白"都是用"广话"，这在大众听起来，"唱"的有时不会懂得，却是"道白"的，往往听得清清白白，所以"广话"又叫做"白话"，但是在白话文所谓的"白话"，其意合"普通话（或叫官话）相同，我国全国为同一的民族，是应该有同一的语言，这就是所谓"国语"。至于凡是可称做"国语文"的，必须具有两种条件：第一，是全国流行最广，大家最容易懂得的方言；第二，要有写作的形式之标准，使大众易学易教。这几乎是全世界相同的道理，好像从前欧洲西部多用拉丁文字，但到现在，意大利就用意大利的语言文字，法兰西有法语法文，英国和德国也有其国语国文。但是意大利、法兰西、英、德等国，其国语的成文，也不外上述这两个条件，即要在全国流行最广和有其写作的形式。

在中国，语言方面流行最广的就是"白话"或叫"官话"，又叫"普通话"，我们试一看丁文江和翁文灏所制的《中国语言分布图》，我们就知道"普通话"在中国流行范围的广大，从北到俄边哈尔滨，山东三省而万里长城，长江一带，南到与安南毗连的云、贵；从东边南京起到西边的四川止，我们统观中国东南西北这一个大区域，那么包括了东三省、黄河流域、长江流域（江苏一部），云南、贵州和广西的一部，所以"普通话"流行的地方，在我国本部占百分之九十以上，各处流行的"普通话"，虽然未尝没有多少出入，但是大同小异，都可以说是"普通话"，因此用"普通话"求做"国语"的标准，已经具备了第一个资格，至于第二个资格，也就颇有把握，近五百年以来，民间流行的有唱戏的戏本或说书的曲谱，都是由"普通话"而变成写作的形式，里面有浅显的人人可懂的，好像父母子女的欢态、爱情的、诉苦的描写；有歌唱有骂语……的表述，这些在古典的文学里是找不着，恋爱的诗歌，听了以后令到个个会动情，倘若是要用古典的文学来表达，那么值得要先下一番苦功，专心研究了二十年以后才读得到。

至于我国的方言，口中所讲的语言，能够表现写作形式的，共有三种：一是广东话即粤语，在文艺上有相当价值的写作，就是"粤讴"；二是苏州话即吴语，吴人常将口中的言语记载而成戏曲、说白和小说；三是北方官话，这种语言所产生的文学作品很多，好像《红楼梦》《三国志》《西厢记》《封神》等。是从三四百年以前直流传到现在，为我国社会上最通俗的小说，几乎个个都读，一提起来个个都知道，所以在写作的形式来讲当然也以普通话为最佳。

在广话和吴话的写作形式，因为有许多地方并不流行，而且在写作形式中有许多文字缺乏，不敷生活上的应用，后来自行创定，音声使与方言一致，好像"没有"粤语写作"乜"，"□□□□"粤语写作"咁"，这样自制的新字，在粤语中很多很多，不下百十个，同时在吴语也是陷于同一的情状，为使"语"与文一致，也创制了好些新字，好像"不要"吴语写作"覅"（勿旁），"不曾"，吴语写作"朆"（勿旁），诸如此类的不少，在官话中，从前"这个"的"这"字是没有的。初时大家想用"之乎者也"的者字来表示，觉得不大好，后来又想用"太阳"的"阳"字来表示，也觉得麻烦，唐宋以后，用"文"（走之旁）字来表示，到最近才演进而为"這"字。又好像，你看好不好呢的"呢"字，从前也没有的，唐宋时代，以"渐"（耳底）字代表，好不费力，后来有些人用"呢"来表示，较为轻便易写，于是就成立，沿用至今。从上所述，就可见到一字的创成，实在也不容易，而一种语言的成为国语，自然也并不是偶然的。官话的演进到了现在，所以能够流行很广，其功效也颇得力于《三国志》《西厢记》《红楼梦》……种种著名的小说，在数百年长时期深入民间的宣传。

文字的改革能够彻底，非做到全国普遍的流行，和文学的内容充实不可，现在想要全国一致的以"语体文"为文学上惟一的工具，大家运用它来表达内心所蕴藏的思想、智识……感情，除了在学校里教科书要采用它外，并且在课外方面的读物，一切文学上的材料，都用"语体文"来做标准，用它去代替了古典文学的地位，能够这样地做到了这些工作使"白话文"成为全国最通行的语言和文字。

而且这些语言文字才属诸大家所有；并且成为全国最良好的宣传和教育工具，这些应是文学革命的理论所在，文学革命的历史，在此不赘；但是，从民十一年到现在，这十二年当中，全国刻刻在施行"国语教育"，成绩也颇有可观，这次我在香港、广州各处演讲翻译，这便是一个例证。我们希望"国语文"成为全国的教育和宣传的工具，同时它也就是统一全国应该着手的初步工作，记得当我们提倡"白话文"的时候，曾引起了社会上许多的人士反对，但是一种思想、言论、主张，固然恐怕没有人们赞同，更怕没有人家反对，最怕人家不声不响地放到字纸篓去。新的文字、活的语言，在这个时代已经是非常地需要着它，所以从民国八年以来，越是反对和宣传，就是像广告一般的越是传播，唤起了全国的注意，而反时代的旧文学日渐没落，新文学的内容越渐充实，利用日增，造成了中国文学历史上的再生时期，给予社会各方面以一种复活的影响。

三为社会改革：全国在这个时期，旧社会各方面都发生了动摇，而趋向大众化的途径。最明显的因新思想的介绍，而产生了思想上的改新，一方面有十九世纪欧美的民主立宪思想，一方面有社会主义，和共产主义的思想，又一方面输入了最近欧洲的独裁政治思想。在二十世纪世界思潮，从最左倾的如共产主义到最右倾的独裁政治思想，中国无不应有尽有。非独思想方面如此，在经济组织方面，在社会积习方面也引起了莫大的革新，社会改革的范围很广，别的且不多讲，就是个人的容仪方面也掀起了极大的变动，由剪发、衣服改革，直到裸体运动，五花八门都像雨后春笋般的勃发。在妇女方面，如女子现在也在社会有相当的地位，可以参政，男女可以同学，有受同等教育的机会，回想提倡男女平权，男女同学到现在已经有十余年，而这种风习到现在，普及了全国。在民十六七年的时候，全国大学男女同学的仍是很少，但到现在，全国高等教育的机关，男女分校的却是寥若晨星，如今试统计全国女子大学不过是有两处，从男女授受不亲转变到现在的情状，所以实在是社会上一种极大的变革，其他，在民法和刑法上也有了改革，现在女子也可以和男子一样，有享受承继财产的权利，在婚姻方面也有了改变，结婚离婚都比较从前容易。此外，一切在社会上足以妨碍进步、不合人生的要求，违反公众福利的制度和习惯，都渐渐淘汰了许多，而现在中国社会的改革，依旧还在迈步进行着。

四为学术改革：我国在历史上，每一个朝代都有一次再生运动。试观由唐到宋，由宋到明便是很好的例证；但是每次的再生运动，都不能使中国返老还童，达到再生的时代。而欧洲十五十六世纪的再生运动能够做到了使欧洲衰老的民族复活，因为西洋再生时期，除了政治、文学、宗教、社会……的积极改革外，还加上了一种重要的返老还童的药针，这就是新科学的提倡和发扬。在宗教方面有德国的马丁路德和法国的加尔文等创行新教，在科学研究方面就有哥白尼、伽利略和英国的牛顿相继的研究和发明，因为欧洲有了新科学的研究，然后其再生运动不仅限于复古，恢复从前希腊罗马时代的文物，而运用这个的新的工具，更进而谋创造新的文明，所以到了十八世纪以来，新科学倡明，生产方法改良，新工业得以加速进展，发出了世界新的光芒，造成了社会组织的新基础，而欧洲的再生运动，才得以开花结果。

学术上的改革，新科学的提倡，这实在是返老还童最强而最有效力的药针，它能加强和充实新生命的血液，可是它不容易使人得以窥见，在政治、文学、社会上的改革，往往有形式的表现，但是学术上的是潜在的，假如我们不是加以注意，那就不容易觉得！可是，在二十三年以前，我国没有一个自行研究科学的机关，也没有一间纯粹研究科学的大学，但是，到现在来，情形就是不同，各省大学及关于学术研究的机关，纷纷成立，并且从科学智识的接受更进而做创造的研究，过去我国历史上也曾有过科学的再生时期，一般读书人致力于"格物穷理"，但是因为没有科学的背景，行而不通，于是却步不前，达于学术的没落时代；但是现在的环境已经不同，我国受到了这个新刺激，一般人们已深深地明了科学的真价值，社会正需要这种新工具，大家正在努力于科学的设备和其方法的应用，所以学术上的发展，得以一日千里。在这二十余年来，我国在科学最有成绩的就是地质学，世界上如欧西各国研究地质学有了两百年的历史，我国现在以二十年的努力，竟获与世界地质学的知识并驾齐驱。在生物学方面，国内一般生物学者的拼命努力，亦已上了正轨，此外在物理、化学、医药等科学，我国皆有长足的进步，自然科学以外好像历史学、音韵学、语言学、考古学皆表现很好的成绩，虽然为时较暂，尚不如欧西的进步，但是为中国数千年来所仅见的现象。

我们看到近二三十年，中国无论政治、文学、社会、学术各方面积极改革，我们知道中国已是再生时期的到临。这个复活时代，而现在正在开始萌发，因为外在的新刺激强大，而内在的潜力膨胀，所以这个再生时期为历来所未有，最少，其前途的进展，可与欧洲的再生时期的洪流相比。

中国的再生时期，而现在是开始，将来其创造与改革，必将随洪流而膨胀增高；而我们一般中年人所能效力的时间已很短促，兹次再生运动是失败或成功，是在一般青年们如何的努力和前进！

（本文为1935年1月12日胡适在广西梧州市中山纪念堂的演讲，梁明政笔记，原载1935年1月22日至25日《梧州日报》）